기독교문서선교회(Christian Literature Center: 약칭 CLC)는 1941년 영국 콜체스터에서 켄 아담스에 의해 시작되었으며 국제 본부는 미국 필라델피아에 있습니다.
국제 CLC는 59개 나라에서 180개의 본부를 두고, 약 650여 명의 선교사들이 이동 도서차량 40대를 이용하여 문서 보급에 힘쓰고 있으며 이메일 주문을 통해 130여 국으로 책을 공급하고 있습니다. 한국 CLC는 청교도적 복음주의 신학과 신앙 서적을 출판하는 문서선교기관으로서, 한 영혼이라도 구원되길 소망하면서 주님이 오시는 그날까지 최선을 다할 것입니다.

수채화가가 만난
철로역정 사람들

The People of Pilgrim's Progress from a Natural Scientist
Written by Shi-Ryong PARK
All rights reserved.
Korean Edition Copyright ⓒ 2024 by Christian Literature Center, Seoul, Korea.

수채화가가 만난 천로역정 사람들

2024년 7월 30일 초판 발행

지은이	|	박시룡
편집	|	오현정
디자인	|	서민정, 소신애
펴낸곳	|	(사)기독교문서선교회
등록	|	제16-25호(1980.1.18.)
주소	|	서울특별시 동대문구 천호대로71길 39
전화	|	02-586-8761-3(본사) 031-942-8761(영업부)
팩스	|	02-523-0131(본사) 031-942-8763(영업부)
이메일	|	clckor@gmail.com
홈페이지	|	www.clcbook.com
송금계좌	|	기업은행 073-000308-04-020 (사)기독교문서선교회
일련번호	|	2024-82

ISBN 978-89-341-2718-5 (03230)

이 책의 출판권은 (사)기독교문서선교회가 소유합니다.
신저작권법에 의하여 한국 내에서 보호받는 저작물이므로 무단 전재와 무단 복제를 금합니다.

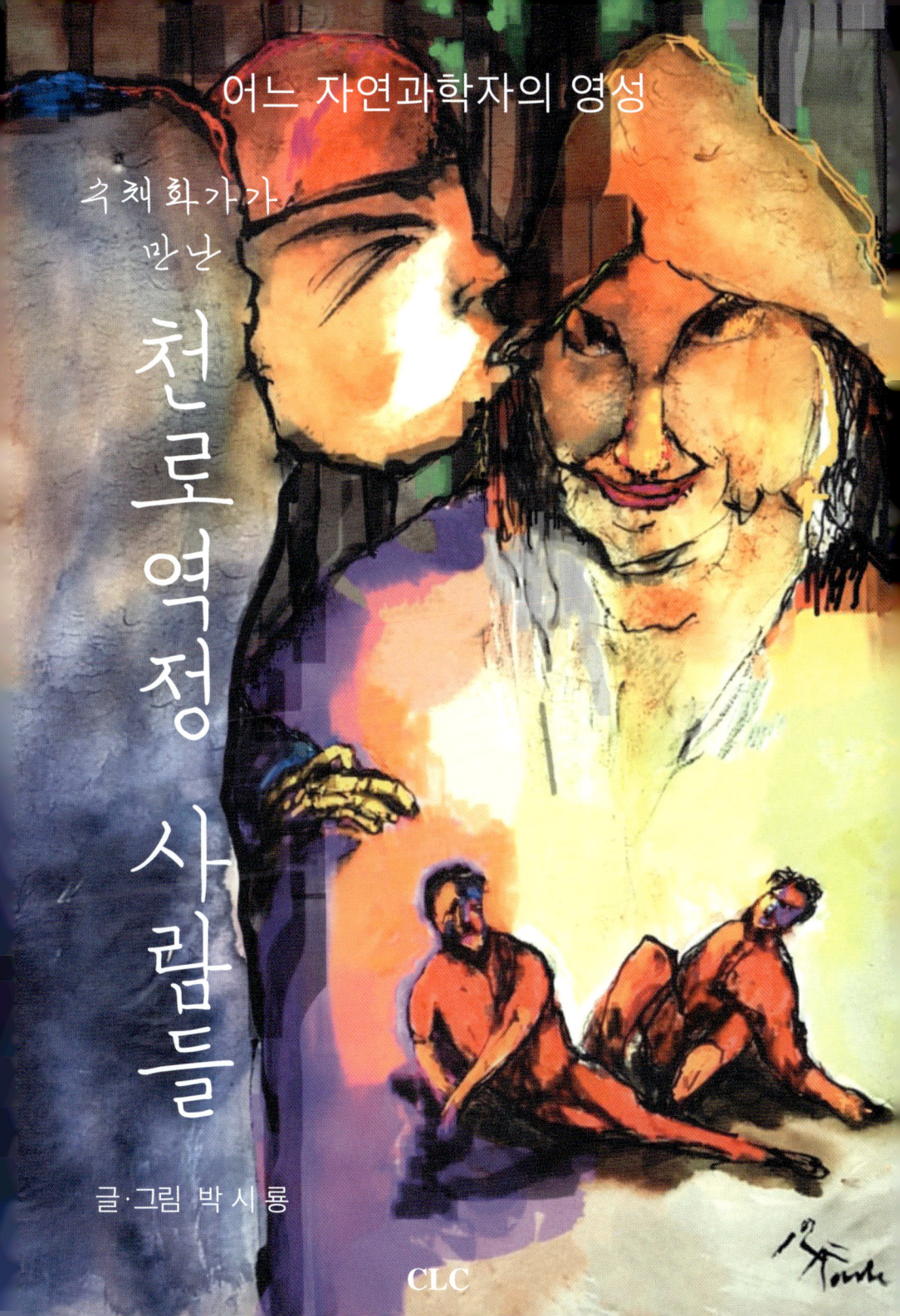

차례

들어가는 글　　　　　　　　　　　　　　6

01　도대체 어떻게 해야 한단 말인가?　　10
02　세속 현자　　　　　　　　　　　　26
03　좁은 문　　　　　　　　　　　　　44
04　해석자의 집　　　　　　　　　　　60
05　단순, 나태, 거만　　　　　　　　　75
06　곤고의 언덕　　　　　　　　　　　89
07　아름다운 집　　　　　　　　　　 104
08　아볼루온　　　　　　　　　　　　121
09　사망의 음침한 골짜기　　　　　　136
10　허영의 시장　　　　　　　　　　 153
11　축재의 도시　　　　　　　　　　 169
12　절망의 감옥　　　　　　　　　　 184
13　기쁨의 산　　　　　　　　　　　 196

14 작은 믿음	**215**
15 무신론자와 무지	**229**
16 뿔라의 땅	**243**
17 죽음의 강	**260**
참고 문헌	**279**

* 일러두기

바른 의미 전달을 위해 다음과 같이 표기합니다.
- 존 번연의 소설은 『천로역정』으로, 천국을 향해 가는 우리의 여정은 <천로 역정>으로,
- 『천로역정』의 주인공 크리스천은 이탤릭을 적용해 '*크리스천*'으로, '믿는 자'를 의미하는 크리스천은 정자를 적용했습니다.

*   *   *

- **표지 설명**: '절망의 거인'과 그의 부인 '의혹'을 수채화로 표현한 작품.
- 이 책에 수록된 수채화는 48.5x37cm 크기의 한지 위에 주로 수채화 물감으로 그렸으며, 일부 먹물과 아크릴 물감을 사용했습니다.

들어가는 글

존 번연의 『천로역정』을 처음 읽은 것은 고교 시절이었습니다. 이 책은 학교에서 세계문학전집 가운데 강력히 추천하던 고전이었습니다. 다시 이 책을 손에 들었을 때는 돋보기에 의존하지 않으면 책을 읽을 수 없는 나이에 접어든 시점이었습니다. 교회를 다니고 예수님을 믿고 살았지만 정작 죽음에 대한 두려움은 여전했습니다.

존 번연의 『천로역정』에서 '크리스천'이 '소망'과 함께 죽음의 강을 건너는 모습을 보면서 '죽음은 우리 인생의 끝이 아닌 새로운 생명의 시작'이라는 사실을 깨달았습니다. 칠십여 년 동안 파노라마처럼 지나가는 세월을 살면서 『천로역정』의 주인공 크리스천이 바로 '나'였음을 알게 되었습니다.

기독교인인 필자가 생물학자가 되기 위해 독일 유학길에 올랐던 여정은 『천로역정』의 크리스천이 잠시 들렀던 '아름다운 집'이자 나의 순례길이었습니다. 생물학자로 황새 복원 일을 하면서 모두 선하고 진실한 것을 창조한 은혜로우신 주님을 늘 찬양했습니다. 영화와 유튜브, 인터넷을 주름잡고 있는 요란한 디지털 게임과 반려동물 산업의 열풍, 그 허영의 시장에 맞서지 못하고 황새 복원 일은 모두 접어야 했습니다. 그리고 망연자실할 수밖에 없었습니다. 그러나 『천로역정』 주인공인 크리스천의 순례길을 따라가다 보니 하늘나라의 소망을 품는 사람으로 다시 태어났습니다.

성경에는 혈우병 앓고 있는 여인이 예수님의 옷자락을 만지자 곧바로 그 병이 나았다는 기록이 나옵니다(막 5:28-34). 예수님께서는 "네 믿음이 너를 구원했다"(34절)라고 말씀하십니다. 그 구원은 단번에 일어났습니다. 필자가 바라고 기도하는 게 있다면 『천로역정』에 나온 인물들을 수채화로 그리면서 나도 예수님의 옷자락을 만져 보는 것이었습니다.

『천로역정』을 읽으면서 여기에 등장하는 인물들- 고집, 변덕, 나태, 거만, 허례, 위선, 무지, 수다쟁이, 노랭이, 작은 믿음, 진실, 소망- 을 생각했습니다. 또한, 세계에서 유일한 가평의 필그림하우스에서 묵으면서 <천로 역정> 순례길에 세워진 조각상의 인물들로부터 영감을 받고 그림을 그리기 시작했습니다.

한지 수채화는 내가 독일 유학 시절, 표현주의 작가이자 수채화의 대가인 에밀 놀데(Emil Nolde, 독일 1867~1956)의 작품을 보고 처음 배웠습니다. 본서에 수록된 작품들은 내가 마치 놀데의 AI(인공지능)가 되어 이미 그의 작품 6,000여 점을 학습한 결과물입니다. 물론 AI와 다른 점이 있습니다. AI는 믿음을 가질 수 없지만 나는 주님의 옷자락만 만져도 구원에 대한 확신으로 내 안에 주님이 계심을 믿고 있습니다.

내가 태어나 처음 본 것은 아버지, 어머니 그리고 가족입니다. 성장하면서는 친구와 친척들, 이웃들과 동물들을 만났습니다. 지금까지 만난 사람들은 손가락을 꼽을 수 없을 정도로 매우 많습니다. 청년기에 들어 인생의 획기적 변화를 가져다준 인물은 바로 『천로역정』의 저자 존 번연입니다.

그는 1628년 영국 베드포드 근처 엘스토라는 작은 마을에서 가난한 땜장이의 아들로 태어났습니다. 아버지로부터 땜장이 일을 배운 그는 혼수로 단 두 권의 책을 들고 온 여인과 결혼했습니다. 아내의 소중한 지참물이었던 두 권의 신앙서적을 읽으면서 예수를 처음 알게 됐고, 1653년 존 기퍼드 목사에게 큰 감화를 받고 세례(침례)를 받았습니다. 이후 그는 견딜 수 없는 열정으로 복음을 증거하기 시작했습니다.

1660년 찰스 2세가 국교회 이외의 모든 종교를 탄압했을 때에도 번연은 계속 설교를 했고, 그 죄로 체포되어 3개월간 수감되었습니다. 다시는 설교하지 말라는 명령을 어기자 또 체포되어 1672년까지 12년간 감옥 생활을 했습니다. 바로 이때, 번연은 『천로역정』을 집필했습니다.

나는 그리스도를 주로 고백하는 크리스천의 입장에서 번연의 『천로역정』에 등장하는 인물들을 만나 보려고 합니다. 그 여정을 반평생 동안 나의 동반자였던 황새와 함께하려 합니다. 나는 황새와 함께한 내 이웃들을 사랑하고, 그들 역시 나와 황새를 많이 사랑했습니다. 물론 때로는 그들이 나를 사망의 음침한 골짜기로 빠트렸던 기억도 있었습니다.

이제 인생의 황혼기에 접어들었습니다. 크리스천이 반드시 건너야 할 죽음의 강을 목전에 두고 있습니다. 그 어귀에 서서 내가 사는 곳에서 가장 가까운 인왕산을 매일 오르며 산비둘기, 까마귀, 물까치, 까치, 개똥지빠귀, 박새, 곤줄박이, 딱새, 황조롱이, 새호리기, 베짱이, 매미와 개미들 그리고 지구라는 이 별나라에서 마지막 고별 대화를 나눕니다. 대화의 끝은 항상 나를 이 땅에 보내시어 황새와 사랑을 나누고 동물들과 대화를 할 수 있게 하심에 대한 감사입니다. 또한, 하나님이 계시기에 죽음의 강을 목전에 두고도 은혜를 받고 거듭남의 감격으로 살고 있습니다. 지금은 엄청난 선물을 받아 누리며 살고 있습니다.

이젠 늘 먹구름이 드리운 것 같은 암울한 삶을 더 이상 살지 않아도 됩니다. "그리스도 안에 있는 생명의 성령"(롬 8:2)이 세찬 바람처럼 불어와 하늘의 먹구름을 모조리 걷어 주셨기 때문입니다.
나는 노래하고 외칩니다! 그리고 메시아 예수를 통해 하나님께 찬양을 드립니다.

01

도대체 어떻게 해야 한단 말인가?

처음 예수를 믿는다고 했을 때 나는, 예수를 세상의 진리를 가르치는 스승 정도로 여겼습니다. 그래서 예수께서는 남다른 어린 시절을 보냈을 것으로 생각했습니다. 이에 성경을 펴들고, 예수의 어린 시절에 대한 기록을 찾기 시작했습니다. 씨름 끝에 한 군데 나와 있는 기록을 발견했습니다. 그 대목을 읽고 어린 예수가 신동이라고 여겼던 때도 있었습니다. 그러나 예수는 신동도 아니고 인류의 스승도 아니었습니다. 일반 종교에서 말하는 성인도 아니었습니다. 그분은 우리와 같은 육의 몸으로 아주 잠시 그의 존재를 보여 주셨을 뿐, 여전히 살아 계신 하나님이십니다.

존 번연은 하나님의 심판 앞에서 몸을 떨고 있는 한 나그네의 모습을 시작으로 『천로역정』을 써 내려갔습니다.

『천로역정』의 주인공 '크리스천'은 세상의 광야를 헤매다가 동굴이 있는 곳에 이르렀습니다. 거기서 하룻밤을 지내기로 하고 짐을 풀었습니다. 그러고는 깜빡 잠이 들었는데 꿈을 꾸었습니다. 지저분한 옷을 입은 남자가 자기 집을 외면한 채 서 있었습니다. 손에는 책 한 권을 들고, 등에는 무거운 짐을 짊어졌습니다. 그 남자는 책을 펴서 읽기 시작했습니다. 가만히 보니 눈물을 쏟으며 몸을 덜덜 떨고 있었습니다. 나중에는 도저히 참을 수가 없다는 듯 큰소리쳤습니다.

"도대체, 어떻게 해야 한단 말인가?"

크리스천이 펼친 책은 성경이었습니다. 그 성경 속 무엇이 그들 덜덜 떨게 했을까요?

> 주의 날이 도적같이 오리니 그날에는 하늘이 큰소리로 떠나가고 체질이 뜨거운 불에 풀어지고 땅과 그중에 있는 모든 일이 드러나리로다(벧후 3:10, 개역한글).

크리스천은 계속 성경을 읽어 내려갔습니다. 조금 지나자 등에 짊어진 무거운 짐이 생각났습니다. 그 짐은 그가 지은 죄라는 사실을 깨닫기 시작했습니다. 그 짐 속에는 그동안 했던 거짓말들, 남을 속였던 것들, 다른 사람을 비판하고 저주의 말을 했던 것으로 가득 차 있었기 때문입니다.

그는 아내와 자식들을 설득했습니다.

"우리가 구원받을 수 있는 어떤 길을 발견하지 못한다면 나 자신은 물론 우리 가족 전체가 모두 죽게 될 거야."

이 말을 듣고 그의 가족은 무척 놀랐습니다. 그가 한 말을 믿어서가 아니라 그에게 광증이 일어난 것은 아닌가 하는 생각 때문이었습니다. 이로 인해 오히려 *크리스천*을 미친 사람으로 취급했습니다. 결국, 가족을 설득하는 데 한계를 느낀 *크리스천*은 혼자 순례길에 나설 수밖에 없었습니다.

방황하던 시절

나 역시 절망과 좌절감에 사로잡힌 적이 있었습니다. 고교 시절, 무척 방황하던 시간이 있었습니다. '나라는 존재는 왜 이 땅에 태어났을까? 그리고 죽으면 어떻게 되는 거지?'라는 생각이 머릿속을 사로잡았습니다. 물론 번연의 소설 주인공 *크리스천*처럼 내가 죄라는 짐을 짊어졌다고 생각하진 않았습니다. 위로는 누나가 셋이 있었고 밑으로 남동생 두 명과 여동생이 있었습니다. 집안은 그리 넉넉한 편은 아니었습니다.

이제 지난 세월을 더듬거리며 먼지가 쌓인 60년 된 낡은 일기장을 열어 보려 합니다. 그때 우리가 살던 곳은 비탈진 골목길이라 부서진 시멘트

도대체 어떻게 해야 한단 말인가?(2023)

누나가 만난 동네 오빠(2016)

계단이 있었고 집들이 계단 양옆을 두고 빽빽이 들어차 있었습니다.

언젠가 엄마가 아껴둔 옷을 꺼내 입고 윗집 오빠를 만나는 누나를 현장에서 목격한 적이 있습니다. 나는 엄마에게 이 일을 일러바쳤습니다. 가난했지만 부모님은 딸에게 매우 엄격했습니다. 아마 그때는 딸을 가진 부모라면 모두 그러했을 것입니다. 그 후로 누나에겐 외출 금지령이 내려졌고, 나는 누나를 감시할 수밖에 없는 처지가 됐습니다. 그런 누나가 갑자기 눈이 보이지 않는 병을 앓기 시작했습니다. 결국, 시신경 뇌 후엽 종양 제거 수술 중 깨어나지 못하고 저세상으로 떠났습니다. 그때, 삶이 무엇인지 깊게 체감했습니다.

이런 일을 겪고 난 후, 친구의 소개로 고등학교 옆에 있는 미국인 선교사가 담임목사로 있는 성서침례교회를 다녔습니다. 교회를 다니면서 비로소 내가 죄인이라는 사실을 처음으로 깨달았고, 침례(세례)도 받았습니다.

처음 신앙을 가졌을 때는 예수께서 우리 죄를 위해 이 땅에 오셨다는 생각을 하기보다 예수님에 대해 궁금한 것들이 너무 많았습니다. 그중 가장 치열하게 다가온 질문은 바로 이것이었습니다.

'어떻게 예수의 모친 마리아는 남편인 요셉과 잠을 자지 않고 혼자서 예수를 낳았을까?'

이런 의문은 자연과학자에게 당연한 것이었습니다. 동물 중에도 수컷과 교미하지 않고 암컷 혼자 미수정란을 통해 새끼를 낳는 경우가 있음을 알고 있었기 때문에 지금은 믿음을 가지고 예수님을 바라보지만, 그때 성경은 내게 온통 의문투성이였습니다.

물론 그때는 예수님의 어린 시절도 참 궁금해하던 시절이었습니다. 그러나 성경에는 예수님의 어린 시절에 대한 언급이 딱 한 곳에 등장합니다. 성전에서 랍비들과 열띤 토론을 하고 있는 모습입니다(눅 2:41-52). 이 모습을 통해 나는 예수께서 하나님의 아들이라기보다는 '소년 예수는 참 영특했구나'라는 생각을 했습니다.

성경은 예수님의 성장 과정에 대한 이야기는 쓰고 있지 않습니다. 약 30살 정도의 청년으로 성장한 예수가 세례 요한에게 세례를 받고 광야에서 40일 동안 금식한 후 마귀의 시험을 이겨 낸 이야기가 전부입니다. 그는 이 땅에서 3년이라는 짧은 공생애를

성전에서 랍비들과 토론하는 소년 예수(2021)

사셨습니다. 성경을 통해 예수님의 짧은 공생애를 읽고 수채화 그림을 그렸습니다.

시험을 받으시다

예수께서 성령에 이끌려 광야로 가서 시험을 받으셨습니다(마 4:1-11). 그곳에는 마귀가 대기하고 있었습니다. 예수께서는 밤낮으로 사십 일 동안 금식하며 시험에 대비하셨습니다. 그러다 보니 허기는 극에 달했습니다. 마귀는 첫 번째 시험에서 바로 이 점을 이용했습니다(3절).

"너는 하나님의 아들이니, 이 돌들한테 말해서 빵 덩이가 되게 해 보아라."

예수께서는 신명기 말씀을 인용해 답하셨습니다(4절).

"사람이 빵으로만 사는 것이 아니다. 하나님 입에서 나오는 끊임없는 말씀이 있어야 한다."

두 번째 시험으로, 마귀는 예수를 거룩한 도성으로 데려가 성전 꼭대기에 앉혀 놓고 말했습니다(5절).

"너는 하나님의 아들이니, 뛰어내려 보아라."

마귀는 시편 91편을 인용해 예수를 몰아세웠습니다(6절).

"그분께서 천사들을 시켜 너를 보호하게 하셨다. 천사들이 너를 받아서 발가락 하나 돌에 부딪히지 않게 할 것이다."

이번에도 예수께서는 신명기의 구절을 인용해 응수하셨습니다(7절).

"주 너의 하나님을 시험하지 마라."

세 번째 시험으로, 마귀는 예수를 거대한 산 정상으로 데려갔습니다. 마귀는 선심이라도 쓰듯, 지상의 모든 나라와 대단한 영광을 누루 가리켜 보이며 말했습니다(9절).

"전부 네 것이다. 무릎 꿇고 내게 경배하기만 하면 다 네 것이다."

예수께서는 딱 잘라 거절하셨습니다.

"사탄아, 물러가라!"

그리고 세 번째로 신명기 말씀을 인용해 쐐기를 박으셨습니다(10절).

"주 너의 하나님, 오직 그분만을 경배하여라. 일편단심으로 그분을 섬겨라."

마귀에게 시험을 받으신 예수(2023)

그러자 시험은 끝나고 마귀는 떠났습니다. 대신, 천사들이 와서 예수를 시중들었습니다.

나의 청소년 시절

마귀는 40일간 금식으로 허기진 예수를 앞에 두고 세상의 물질과 지위를 약속하며 자기에게 경배할 것을 요구했습니다. 마귀의 시험을 물리치시는 예수님을 보고 그가 얼마나 하나님 말씀으로 무장한 청년 시절을 보내셨는지 알 수 있었습니다. 그러면서 이 순례의 여정에서 꼭 내게 필요한 것이 있다면 끊임없이 유혹하는 마귀의 시험을 물리쳐 주시는 것이라며 간구했습니다.

한창 대학 입시를 준비할 때였습니다. 의대에 진학하고 싶었고, 서울대학교를 목표로 공부하는 친구들이 부러웠습니다. 열심히 공부한다고 했지만 서울대에 들어갈 성적은 나오지 않아 늘 불안해하며 보냈습니다. 나의 실력으론 거의 불가능했기에 예수님께 기도했습니다. 믿고 구하면 주신다고 한 성경 말씀을 믿었기 때문입니다. 그러나 예수님은 원하는 응답을 해 주시지 않았습니다. 나는 하나님을 원망했습니다.

'왜 나는 서울대에 들어갈 실력을 가지고 태어나지 못하게 하셨을까!'

내게도 어머니가 계십니다. 어머니는 아들을 잘 먹이고 학교에 보내기 위해 일하셨습니다. 대전에 있는 목척교 옆에는 은행이 하나 있었는데, 어머니께서는 그 한 모퉁이에 작은 점포 하나를 차렸습니다. 좀 더 정확히 표현하면 점포라기보다는 임시 건물이었습니다. 요즘 길거리에 있는 신문 판매점 정도의 규모였습니다.

은행 옆에 위치한 이유가 있었습니다. 지금은 금융거래를 인터넷으로 하지만, 그때는 모두 자전거를 타고 은행을 방문해 용건을 해결했습니다. 점포의 주목적은 자전거를 지키는 것이었습니다. 은행이 손님의 자전거를 지켜 주는 조건으로 가게 운영을 허가한 것입니다. 그래서 손님들이 자전거를 거치대에 주차하면 일일이 나가서 번호표 하나를 자전거 손잡이에 걸고, 다른 하나는 손님이 소지한 후 은행에서 용건을 해결했습니다. 눈을 부릅뜨고 지켜도 가끔 도난 사고가 발생해 자전거 값을 몽땅 물어내는 일도 발생했습니다.

그 가게에서 아버지는 자전거를 지키셨고, 어머니는 재봉틀 하나를 마련하여 창호지를 풀로 붙인 천에 학생들과 군인들의 명찰을 새겨 주는 일을 하셨습니다. 신학기가 되면 명찰 새기는 단체 주문도 많았습니다. 납품 기일에 맞추느라 밤잠을 주무시지 못할 때도 있었습니다.

한번은 잠자리에 누웠는데 재봉틀 소리가 나지 않고 어디선가 신음 소리가 들려왔습니다. 잠자리에서 일어나 보니 어머니가 손가락에 붕대를 감고 계셨습니다. 머큐로크롬이라는 빨간약만 바르고는 고통을 참고 계

공포에 떠는 가족(2005)

셨던 것입니다. 일반 재봉틀은 노루발을 장착해야 미싱 바늘이 움직이는데, 명찰을 새길 때는 노루발을 장착할 수가 없습니다. 그러니 양 검지 끝이 노루발 역할을 하고, 재봉틀 바늘이 모터의 힘으로 상하로 움직여 명찰이 새겨집니다. 그날은 어머니가 며칠 밤을 주무시지 못하고 명찰을 새기고 계셨습니다. 깜박 조는 순간에 미싱 바늘이 어머니의 손가락을 꿰매고 만 것입니다.

아버지도 자식들과 아내 사랑이 남 못지않으셨습니다. 명찰가게를 차린 것도 아버지셨습니다. 은행 옆은 장삿목이 좋았기 때문에 아버지가 은행에 오는 손님들의 자전거를 봐 준다는 조건으로 허가를 받은 것입니다. 그렇다고 은행으로부터 돈을 받은 것은 아니었습니다. 수입이 발생하는 곳은 명찰가게가 전부였습니다. 명찰가게가 제법 잘되자, 군인들의 명찰과 계급장 같은 장신구를 납품하는 일도 하셨습니다.
지금은 군인들과 공무원들도 꽤 청렴해졌지만, 그때만 해도 납품 일에 의례 상납과 뇌물이 판을 치던 시절이었습니다. 아버지께서는 납품 검수관들을 상대로 술대접을 빼놓지 않고 하셨습니다. 이런 술대접이 잦아지자 아버지는 어느 날 알코올 중독자로 변하셨습니다.

우리 가족은 아무도 예수님을 믿지 않았습니다. 아버지는 술에 취해 들어올 때가 많으셨습니다. 그렇게 술에 취한 날이면 어느 순간 미친 사람으로 변했습니다. 일단 과음이 시작되면 정상적인 사람이 아니었습니다. 술에 취해 늦게 들어온 날이면 식구들을 깨우는 게 일상이었습니다. 광인으로 변한 아버지가 너무 무서웠습니다.

성경은 "술에 취하지 말라"(엡 5:18)고 합니다. 이는 마귀의 지배를 허락해선 안 된다는 뜻입니다. 아버지께서 예수님을 믿고 술을 끊었을 때는 이미 뇌졸중이 발병된 후였습니다. 아버지는 그렇게 병석에 오래 누워 계시다가 돌아가셨습니다. 아버지가 돌아가신 뒤, 그 술 귀신이 동생의 몸속으로 들어갔던 걸까요?
그도 과음할 때면 정신이 나간 사람처럼 행동했습니다. 결국, 동생은 자살로 생을 마감했습니다. 망가질 대로 망가진 가족을 보고 나는 절망에 빠지고 말았습니다.

"도대체 어떻게 해야 한단 말인가?"

아버지가 돌아가시고 그동안 해 온 우리 가족의 가업도 흔적조차 찾아볼 수 없게 되었습니다. 가난은 그래도 버틸 수 있었지만, 우리 가족의 영혼만큼은 이대로 마귀에게 다 내주고 굴복할 수 없었습니다. 하나님께 어머니와 누나, 동생들, 우리 가족의 삶을 맡겨드리기로 작정했습니다. 그리고 이제는 새로운 힘이 내 안에서 움직이고 있습니다. 내 안에서 일하고 계신 하나님의 활동을 신뢰하기에 하나님의 성령이 지금 살아 숨 쉬고 계시다는 사실을 발견했기 때문입니다.

세속에 이끌려 마음대로 살아왔던 삶은 결국 인생의 막다른 길에 이르게 할 뿐입니다. 하나님께 주목하는 사람들은 탁 트이고 드넓은, 자유롭고 다함 없는 삶으로 이끌려 간다는 것을 고백합니다.

02

세속 현자

내 유년 시절은 먹고살기가 그리 넉넉한 편은 아니었습니다. 그때에 비한다면 지금은 훨씬 더 잘살고 있는 게 틀림없습니다. 그렇다고 행복하지는 않습니다. 내 이웃의 어려움을 그냥 지켜보고만 있는 건 아닐까 하는 한심한 생각이 들기 때문입니다.

순례길에서 너무 당당하고 잘난 사람들을 만납니다. 그중에는 세상의 지식으로 무장하고 '절망의 늪'으로 유혹하는 사람도 있습니다. 이런 까닭에 전도자의 도움이 없었다면 여기까지 올 수 없었을 테죠.

'크리스천'이 '멸망의 도시'를 떠났을 때, 그를 따라나선 사람이 있었습니다. 바로 '고집'과 '변덕'입니다. 고집은 *크리스천*을 세우고 고향을 떠

크리스천과 고집 그리고 변덕(2022)

난 이유를 물었습니다. 그때 *크리스천*은 이렇게 대답했습니다.

"나는 하늘나라에 간직되어 있는 더러워지지 않고 낡아지지 않는 유산을 찾아갑니다. 당신도 나와 동행함으로써 이 상상할 수 없는 보화를 누리고 축복을 받기 바랍니다. 여기 그대로 머물러 사는 한 멸망을 피할 수 없습니다. 내가 가진 이 책에 그렇게 쓰여 있습니다."

그러나 고집은 *크리스천*의 말을 끝내 거절하고 멸망의 도시로 돌아갔습니다. 성경에 씨 뿌리는 비유에 의하면 그의 마음은 "길가"였기 때문입니다(마 13:4). 그는 자기의 고집으로 마음이 이미 굳어 버린 사람이었습니다. 하나님의 말씀을 받아들이고자 하는 마음 문을 아예 닫고 사는 사람이었던 것입니다. 고집과 동행한 변덕은 멸망의 도시로 돌아가자는 고집의 권고를 물리치고, *크리스천*의 말에 동의하며 다음과 같이 선언한 후 함께 길을 떠났습니다.

"나는 *크리스천*과 운명을 함께하겠습니다."

그러나 변덕의 동행도 그리 오래가지 못했습니다. 그는 생각 없이 길을 걷다가 들 한복판에 자리 잡은 절망의 늪에 빠지고 말았습니다. 그는 발버둥 치며 늪을 빠져나와 *크리스천*에게 소리쳤습니다.

"아니, 당신이 말한 순례길을 위해 약속된 행복한 삶이 겨우 이런 것이란 말이오?"

그러고는 뒤도 돌아보지 않고 오던 길로 다시 돌아갔습니다. *크리스천*은 그때 막 지나가던 전도자 '도움' 덕분에 간신히 수렁에서 빠져나올 수 있었습니다. *크리스천*은 자신을 구해 준 도움에게 물었습니다.

"선생님, 이 길은 멸망의 도시로부터 떠나는 좁은 문으로 가는 길이라고 들었는데 어째서 도중에 있는 이 수렁을 고치지 않습니까?"

도움이 대답했습니다.

"이 깊은 수렁은 고칠 수가 없는 곳입니다. 그래서 이곳을 낙심의 늪이라고 부르죠. 죄인들이 자신의 절망적인 형편을 깨닫게 되었을 때, 그들의 마음속에는 온갖 두려움과 의심과 절망들이 생겨납니다. 그런 것들이 모두 모여 이곳으로 흘러와 고여있기 때문에, 이곳은 늘 좋지 못한 곳으로 남아 있습니다."

도움의 손길로 절망의 늪에서 빠져나온 *크리스천*은 새로운 인물을 만났습니다. 그는 바로 '세속 현자'였습니다. 그는 *크리스천*에게 다가와 물었습니다.

"어쩌다가 이렇게 형편없는 몰골로 등에 무거운 짐을 지고 가고 있습니까? 도대체 어디로 가는 거요?"

*크리스천*은 이렇게 대답했습니다.

낙심의 늪(2002)

"전도자의 말을 듣고 좁은 문을 향해 가고 있습니다."

세속 현자는 무거운 짐을 내려놓을 수 있는 쉽고 안전한 길로 안내하겠다며 윗마을 언덕 '도덕마을'을 가리키며 말을 이어 갔습니다.

"그곳에 가면 '율법 어른'을 만날 터인데 그가 당신 어깨에 짊어진 무거운 짐을 덜어 줄 것입니다. 혹시 그가 출타 중이면 그의 아들 '예의'를 만나세요."

*크리스천*에게 친절하게 길을 안내해 주었지만 사실 세속 현자는 예수 그리스도의 대속 사역을 인정하지 않고 복음보다 윤리와 사회개혁을 앞세우는 세상과 타협적인 인물이었습니다. 그는 *크리스천*에게 그렇게 어려운 순례길을 갈 게 아니라 편안하고 쉬운 길을 가르쳐 준다고 유혹한 것입니다.

*크리스천*은 세속 현자의 조언대로 그 마을을 찾아 떠났습니다. 그런데 그 마을로 가는 길은 언덕이 가파르고 너무 험했습니다. 점점 지고 있는 짐이 훨씬 더 무겁게 느껴지기 시작했습니다. 더구나 갑자기 언덕 위에서 불길이 활활 타오르는 것을 본 *크리스천*은 그곳으로 올라갔다가는 불길에 휩싸여 타 죽을지도 모른다는 두려움에 빠졌습니다. 그는 땀을 흘리면서 무서워 떨기 시작했습니다.

결국, *크리스천*은 세속 현자의 그릇된 충고를 받아들인 것을 후회하기 시작했습니다. 다행히 그는 낙심의 늪에서 자기를 구해 준 도움을 만나 좁은 문으로 가는 길을 다시 안내를 받을 수 있었습니다.

학문적 세속 현자

교회를 다니면서, 나의 학문적 세계에서도 이런 세속 현자를 만났습니다. 그 한 인물이 진화론의 찰스 다윈이고 그다음은 『이기적 유전자』의 저자 리처드 도킨슨이라는 세속 현자입니다. 찰스 다윈은 인간의 조상이 침팬지에서 진화되었다고 합니다. 그는 자연선택(Natural selection)에 의한 진화를 주장합니다. 그러나 성경은 다른 답을 제시합니다.

> 하나님이 사람을 창조하실 때에, 하나님의 형상대로 만드셨다(창 5:1, 새번역).
> 하나님을 본 사람이 없으되(요 1:18; 요일 4:12).

이 말씀대로 하나님이 인간을 만드셨다면, 진화가 아닌 하나님께서 섭리의 영을 통해 지으신 것이 틀림없어 보입니다.

다윈이 생각해 낸 자연선택은 무엇일까요? 다윈은 다양한 가축의 품종, 즉 350여 품종에 달하는 개들의 다양한 품종을 인위적 선택(Artificial selection)이란 용어를 사용하여 설명하고 있습니다. 그는 사람이 의도를 갖고 품종을 만들었다고 설명했습니다.

그럼, 종의 다양성에는 누가 개입되었을까요?

도덕마을 입구에 선 *크리스천* (2022)

다윈은 이 세상에 종이 다양하다는 생각을 자연이 선택했다는 개념으로 설명합니다. 믿음과 영적인 눈으로 보면, 그 자연은 보이지 않는 자, 그 분에 의해 지구에 다양한 생물들이 창조된 것이 틀림없습니다.

리처드 도킨슨은 성경에 나오는 "네 이웃을 네 자신과 같이 사랑하라"(마 19:19)는 이타주의도 유전자의 입장에서 보면 이기적 유전자에 의한 발현 현상이라 주장합니다. 심지어 그는 인간을 유전자를 실어 나르는 운반체에 불과하며, 애당초 신은 없었고 '만들어진 신'(God Delusion)이라고 주장합니다.

하나님=영

성경은 "곧 하나님은 빛이시라"(요일 1:5)라고 합니다. "빛"이라는 단어는 성경에 196번이나 등장합니다. 빛은 현대물리학에서 에너지를 가진 작은 알갱이(광량자)라고 부릅니다. 생물학에서는 빛은 광합성에 쓰이는 생명의 원천이기도 합니다. 빛이라 하는 순간 이 작은 알갱이는 움직입니다. 빛의 속도는 1초에 약 30만 킬로미터에 달합니다. 아직 이 세상에 실존하는 물체 가운데 이보다 더 빠른 것은 존재하지 않습니다. 만일 누군가 1초에 30만 킬로미터를 달리는 이 작은 알갱이를 예리한 칼로 잘라낼 수 있다면 그 순간, 그것은 실존하지 않는 물체로 바뀝니다. 바로 성경에서 말하는 "하나님의 영"입니다.

학문적 세속 현자(2022)

> 태초에 하나님이 천지를 창조하셨다. 땅이 혼돈하고 공허하며, 어둠이 깊음 위에 있고, 하나님의 영은 물 위에 움직이고 계셨다(창 1:1-2, 새번역).

이사야는 하나님의 영을 '생명을 주는 영, 지혜와 깨달음을 주는 영, 방향을 잡아 주고 힘을 부어 주는 영, 지식과 하나님을 경외하는 마음을 불어넣어 주는 영'(사 11:2-3)으로 표현합니다.

하나님은 세속 현자이자 동물학자인 리처드 도킨슨의 말대로 '만들어진 신'이 아니십니다. 나는 자연과학자로서 '하나님의 계심'을 증거하기 위해 글을 쓰고 그림을 그렸습니다. 예수님은 하나님의 아들로 이 땅에 오셨습니다. 그분은 자신을 이렇게 소개하셨습니다.

> 내가 곧 길이요 진리요 생명이니 나로 말미암지 않고는 아버지께로 올 자가 없느니라(요 14:6).

길과 진리, 생명으로 우리를 부르시는 하나님은 내가 연구하는 황새와 동물들은 숫자로 부르시지만, 사람은 이름을 불러 주십니다.

> 하나님은 우리를 수로 세지 않으신다. 그분은 우리를 이름으로 부르신다. 산술은 그분의 관심이 아니다(롬 9:27, 메시지).

하나님은 시간의 개념을 초월한 분이십니다. 하나님께 시간이 존재한다면 오로지 현재라는 찰나뿐입니다. 그 현재조차 '지금은 현재'라는 말을 채 끝내기도 전에 사라져 버리고 맙니다. 하나님을 시간 개념 속에 가두었을 때 우리에게 등장하는 어려움이 하나 있습니다. 크리스천은 누구나 '하나님은 우리가 내일 할 일을 알고 계신다'라고 믿고 있습니다. 그러나 하나님이 정말 내가 내일 할 행동을 알고 계신다면, 나에게는 그것과 다르게 행동할 자유가 없는 것 아닐까요?

이것이 바로 하나님을 우리의 시간 개념에 가두었을 때 발생하는 어려움이요, 하나님은 앞일을 미리 알고 계시기에 우리와 다르다고 생각하는 것에서 오는 어려움입니다. 이는 하나님을 시간 개념에 매여 사는 존재로 착각하기 때문입니다.

만일, 하나님이 우리의 행동을 예견하신다면 어떨까요?

우리에게 행동의 자유가 있다고 보기는 대단히 힘들 것입니다. 그러나 하나님을 시간을 초월한, 그 위에 계신 분으로 생각해 보세요. 그러면 하나님은 우리가 '내일'이라고 부르는 날도 '오늘'처럼 보실 수 있음을 깨닫게 됩니다. 하나님께는 모든 날이 '지금'일 뿐이죠.
태초에 영으로 존재하셨던 하나님은 성육신하여 예수님으로 이 땅에 오셨습니다. 그리고 그는 십자가에 못 박혀 돌아가시기 전에 이렇게 말씀하셨습니다.

> 내가 떠나가지 아니하면 보혜사가 너희에게로 오시지 아니할 것이요 가면 내가 그를 너희에게로 보내리니(요 16:7).

이 말씀에 따르면, 메시아인 예수께서 이미 내 속에 와 계시는 것입니다. 보혜사이신 성령님이 지금도 시간 개념을 초월하여 함께하시기 때문입니다. 성경을 읽다 보면 하나님이 시간을 초월한 분임을 알 수 있는 구절 하나가 눈에 띕니다.

> 주께는 하루가 천 년 같고 천 년이 하루 같다(벧후 3:8).

이와 같은 베드로의 고백을 볼 때, 하나님께서는 분명 시간이라는 개념도 없고, 그것을 초월한 분이십니다. 그분은 오직 영으로만 시간 개념 속에 사는 인간들에게 간섭하고 계심을 알 수 있습니다.

시간의 개념 속에서 살 수밖에 없는 우리 인간들이 이해할 수 없는 것들이 성경에는 기적으로 등장합니다. 예를 들어 요한복음 2장 1절에서 10절에는 예수께서 갈릴리 가나의 혼인 잔치에서 물을 포도주로 만드는 기적을 보이십니다. 시간의 개념 속에서 살펴보면 포도를 발효시켜야 포도주가 됩니다. 포도주가 만들어지려면 포도가 재배되고 또 발효라는 시간이 필요합니다. 그러나 포도주 기적은 시간 개념이 모두 생략된 채 물이 포도주로 변한 사건입니다.

예수께서는 하나님이시기에 시간의 개념을 추월하여 기적을 행하셨습니다. 이 사건을 통해 예수께서 우리에게 미리 보여 주신 것은 천국의 시간 개념입니다. 육신의 죽음 이후에 가는 천국은 바로 이런 시간 개념이 없는 곳입니다.

내 순례길의 전도자

이러한 무거운 짐을 짊어지고 걸어갔을 때 내게 도움을 준 참전도자가 있었습니다. 그는 대학 시절에 만났던, 가나안농군학교의 설립자인 김용기 장로님(1909~1988)입니다. 그는 경기도 광주시에 위치한 가나안농군학교에서 근검절약, 땀 흘려 열심히 일해야 한다는 기독교 정신의 삶을 살아가는 법을 가르쳐 주신 분입니다.

당시에는 한국 사회가 너무 못살았던 시기였습니다. 한국전쟁이 끝난 직후였기에 생활 물자가 부족해서 미국에서 원조를 받아 살던 시기였습니다. 가나안농군학교에서는 "일하기 싫어하거든 먹지도 말게 하라"(살후 3:10)는 성경 말씀을 행동으로 옮기는 교육을 실시했습니다. 물자를 아끼기 위해서 치약도 새끼손가락의 손톱 크기를 넘지 않게 쓰도록 교육했습니다. 또한, 세끼 중 한 끼는 고구마를 먹었습니다. 지금은 고구마가 간식거리였지만 그때는 주식이었습니다.

김용기 장로님은 가난을 벗어나기 위해 성경 말씀의 가르침에 따라 부지런히 일하며 크리스천으로 살아가는 법을 가르쳐 주셨습니다. 우리나라가 지금 이렇게 살고 있는 것도 그분의 가르침 덕분이라고 생각합니다.

5·16혁명 직후 박정희 국가재건최고회의 의장은 가나안농군학교를 방문해 교육을 받고 대통령이 된 다음 국민을 대상으로 새마을운동을 전

개해 나갔습니다. 그 후 한국의 근대화 현장에서는 성경에 나오는 예수님이 행한 오병이어 기적과 같은 일이 벌어졌습니다.

예수께서 "이 사람들로 앉게 하라"(요 6:10-13)고 말씀하셨습니다. 사람들이 자리를 잡고 앉으니 모두 오천 명 정도 되었습니다. 예수께서 떡을 들어 축사하신 후, 앉아 있는 사람들에게 나눠 주셨습니다. 물고기를 가지고도 똑같이 행하셨습니다. 그러자 사람들이 배불리 먹고 열두 광주리나 남았습니다. 이 사건에 함께한 사람들은 모두 놀랐습니다. 하나님의 보내심이 아니면 할 수 없는 일로 여겼습니다.

"이분은 분명 그 예언자다. 하나님의 예언자가 바로 이곳 갈릴리에 오신 것이다!"

모인 사람들의 열렬한 환호에 예수께서는 그들이 자기를 붙들어다가 왕으로 삼으려는 것을 아시고, 그 자리를 피해 다시 산으로 올라가셨습니다.

예수님의 이 기적을 어떻게 해석할 수 있을까요?

일차적으로는 가난한 백성의 배를 배불리 채워 주신 기적입니다. 그러나 지금처럼 잘살고 있을 상황에서는 작은 자와 작은 것들의 가치로 읽힙니다. 근대화 과정을 겪은 이 시대는 크고 많고 거창하며 복잡한 것들을 좋아합니다. 그러나 하나님께서는 이 험난하고 복잡한 시대에서 무시당하는 작은 것들을 택하십니다. 어린아이가 가지고 있던 보리떡 다

오병이어의 기적 (2020)

섯 개와 물고기 두 마리가 바로 그것입니다. 오병이어 기적을 통해 주님의 손에 들어가면 배(倍)가 된다는 것을 깨닫습니다. 작은 자와 작은 선물을 나눌 때, 하나님의 후한 은혜가 계시됩니다.

행함이 없는 믿음

점심 한 끼를 먹기 위해 집을 나섭니다. 집을 나서면 지하철이 있고 지하철 입구에는 「빅이슈」 잡지를 팔고 있는 아저씨가 있습니다. 「빅이슈」를 판매하는 아저씨들은 모두 노숙인으로 알려져 있습니다. 잡지 가격은 7천 원입니다. 잡지를 팔면 그분들에게 3천5백 원이 돌아간다고 합니다. 이 소식을 듣고 점심 한 끼를 저렴한 음식으로 먹기로 했습니다. 점심 식사 비용을 아껴 순례길을 걷고 있는 동안 그 잡지를 사 주기로 마음먹었기 때문입니다.

2주에 한 번꼴로 찾아가는 분이 있습니다. 바로 지하철 입구에서 「빅이슈」를 파는 아저씨입니다. 그러나 그날은 아저씨가 보이지 않았습니다. '아프신 걸까? 아니면 잡지가 팔리지 않아 판매를 접으셨나?' 하는 별의별 생각을 하며 주변을 살펴보았습니다.

아저씨가 「빅이슈」를 팔던 자리에서 검은색 롱패딩을 입고 있는 모녀가 묶음으로 된 양말을 팔고 있었습니다. 처음에는 그냥 지나쳤습니다. 잠시 우체국에서 볼일을 보고 돌아오자 도로 안쪽엔 하얀 박스형 경차

한 대가 주차되어 있었습니다. 장사가 잘 안된 모양인지 중도에 자판을 접고 양말들을 차에 싣고 있었습니다. 그들이 어떤 사연으로 양말을 팔러 나왔는지는 모릅니다.

모녀의 모습을 보자, 어머니가 한 평 남짓한 길가의 가게에서 명찰을 새기는 모습이 떠올랐습니다. 그때는 너도나도 못사는 때였으니 그런 모습이 예사로운 일이었지만, 지금은 그 모녀의 모습이 너무 낯설게 느껴졌습니다. 달려가 양말 몇 켤레라도 사 줘야겠다고 마음먹었을 때는 이미 모녀는 그 자리를 떠나고 없었습니다.

"네 이웃을 사랑하라"는 주님의 말씀을 실천하지 못했다는 죄책감에 빠지고 말았습니다. 성경에서 우리는 '행위가 없는 믿음은 진정한 사랑이 아니라'는 가르침을 받았습니다. 성경의 이러한 가르침은 다음의 말씀에서 명확히 확인할 수 있습니다.

> 내 형제들아 만일 사람이 믿음이 있노라 하고 행함이 없으면 무슨 유익이 있으리요 그 믿음이 능히 자기를 구원하겠느냐(약 2:14).

오늘은 하나님 앞에 고개를 쳐들 수 없는 무거운 발걸음으로 이 순례길을 다시 걷지 않을 수 없었습니다. 다음에라도 꼭 이 모녀를 만나면 지체 없이 달려가 양말을 사 주겠다는 마음으로 지갑에 들어있는 만 원권 지폐를 다시 한번 확인해 보았습니다.

03

좁은 문

사실 좁은 문으로 들어서는 것이 선뜻 내키지 않았습니다. 아마 세상의 것을 다 내려놓아야 하는 미련이 남아서 그럴 것입니다. 그렇지만 '시온성'을 향하는 길에서는 어쩔 수 없었습니다. 이 길에서 가장 소중하다고 여겼던 황새들도 모두 내려놓았습니다.

'크리스천'이 좁은 문을 지나 십자가 언덕에 섰던 것처럼, 나 역시 하나님께서 태초부터 만드신 지구라는 이 우주선에 올라 영적인 여행을 하고 있음을 깨닫습니다.

크리스천은 '도덕마을'이 세속적인 사람들이 사는 마을이라는 사실을 깨닫고 전도자의 안내를 받아 '좁은 문'으로 향했습니다.

좁은 문을 두드린 크리스천(2022)

얼마나 걸었을까요?

마침내 *크리스천*은 좁은 문에 도달하게 됐습니다. *크리스천*이 주저 없이 좁은 문을 두드리는 순간 '선의'가 문을 열며 물었습니다.

"누구를 찾아오셨나요?"

그러자 *크리스천*이 다시 묻습니다.

"예, 저는 멸망의 도시를 떠나 시온산으로 가는 길입니다. 저 같은 죄인을 받아 주시는가요?"

이런 *크리스천*의 질문에 선의는 온 마음을 다해 대답합니다.

> 아버지께서 내게 주시는 자는 다 내게로 올 것이요 내게 오는 자는 내가 결코 내쫓지 아니하리라(요 6:37).

선의는 다시 *크리스천*을 문 안으로 잡아당기며 말했습니다.

"안으로 들어오시지요. 이 문에서 좀 떨어진 곳에 바알세불의 성채가 있는데, 거기서는 이 문을 지나는 순례자들을 막아 보려고 화살을 쏘아댄답니다. 하지만 안심하세요. 이제 저 앞에 보이는 좁지만 곧은 길로 가시면 됩니다. 우리 믿음의 선조들이 닦아 놓은 길이지요. 저 앞을 보십시오. 저쪽으로 뻗어 있는 좁은 길이 보입니까? 그 길이 이제부터 당신이 가야 할 길입니다. 당신의 조상들과 많은 예언자, 그리스도와 또 제자들에 의해서 만들어진 길인데, 마치 자로 그어 놓은 것처럼 똑바로 닦여진 길이며 당신이 이제부터 가야 할 길입니다."

*크리스천*의 질문과 선의의 대답이 이어집니다.

"제가 짊어지고 있는 이 짐이 너무 무거운데, 혹시 이 짐을 벗을 수 있는 방법은 없나요?"

"비록 당신의 짐이 무거울지라도 구원의 장소에 이를 때까지는 참고 그대로 지고 가십시오. 거기에 이르면 당신의 짐은 저절로 당신의 등에서 떨어져 나갈 것입니다."

그리하여 *크리스천*은 허리띠를 동여매고 선의와 작별 인사를 했습니다.

좁은 문에 들어선 황새

니는 우리나라에서 멸종된 황새(Oriental Stork, 멸종 위기 1급 국제적 보호조)를 복원하려 했던 자연과학자입니다. 인생의 순례길에서 아직 자연에 현존하는 그 황새의 종조(種鳥)를 가지러 러시아 아무르강까지 날아간 적이 있었습니다. 그리고 교수로 재직하고 있던 한 대학의 연구실에서

선의와 함께 시온산으로 가는 크리스천(2022)

15년 동안의 노력 끝에 번식을 성공시켰습니다. 2015년에는 우리나라에서도 10마리의 황새들을 자연에 첫 복귀시켰습니다. 그 후 그 대학에서 정년 퇴임을 했습니다. 나중에 그 황새들은 한 지자체 단체장의 책임으로 편입되었는데, 해마다 무분별하게 방사되고 있습니다.

일반 다수는 황새를 자연에 풀어놓으면 복원된다고 생각하고 그렇게 주장합니다. 그래서 지금도 해마다 황새가 그 사람들의 생각대로 자연에 뿌려지고 있습니다. 그렇게 하면 안 된다고 외쳐 보지만, 전혀 귀 기울이지 않습니다. 항상 다수의 선택이 옳은 것은 아닙니다. 생물 다양성과 우리 땅의 회복 없이는 황새들은 수명을 다 채우지 못하고 사라지게 됩니다. 내가 러시아로부터 가지고 들어와 증식시켜 야생으로 방사한 황새들이 가여울 때가 많습니다. 도와주고 싶어도 다수의 생각이 그렇다 하니, 내가 짊어진 황새라는 짐을 내려놓아야겠다고 마음먹었습니다.

인류가 발견한 최선의 정치 체제가 있다면 그것은 아마도 민주주의일 것입니다. 근대 이후를 살아온 우리는 민주주의 원리를 따라 '다수의 선택이 언제나 정의'라는 견해를 아주 자연스럽게 받아들이고 있습니다. 그러나 그 다수의 생각을 모든 분야에 그대로 적용할 수는 없습니다.

코페르니쿠스가 지구는 둥글며 태양의 주위를 돌고 있다는 이론을 발표했을 때 누구도 믿지 않았습니다. 돌이켜 보면 그 당시 대다수의 생각은 잘못된 것으로 드러났습니다. 우리나라 황새 복원도 마찬가지입니다. 황새 복원은 연구 사업인데, 다수의 사람은 그렇게 생각하고 있지 않습니다. 그러니 참 어렵습니다. 황새들의 희생이 불가피할 것 같아 늘 마음을 조아리며 살아가고 있습니다.

황새가 우리나라에 많이 번식하고 살았을 때는 내가 이 땅에 태어나기 전입니다. 그때 어떻게 황새들이 이 땅에서 번식하며 살았는지에 대한 기록은 거의 찾을 수 없었습니다. 더군다나 그 황새들이 자연에서 번식이 끝나면 어디로 가는지 알 수 없었습니다. 자연과학자로 과거 우리나라 황새들이 어디에서 왔으며, 그들이 해 뜨는 동방의 나라에서 어떻게 텃새로 살았는지 밝혀 보고자 했습니다. 이에 자연과학자로서 다음과 같은 가설 하나를 설정했습니다.

> 한반도 땅에 한민족이 살기 이전, 황새는 러시아 아무르강가 습지에서 번식을 했다. 동방의 나라에서 아름다운 습지를 발견하고 한두 마리가 내려앉기 시작했다. 한민족이 논을 경작하면서 논 습지가 자연스럽게 만들어졌기 때문이었다. 그 황새들은 사람들이 경작하는 마을까지 날아와 민가가 있는 나무 위에서 둥지를 짓고 번식하며 살았다. 그리고 그 황새들은 다 자란 새끼들을 데리고 남쪽으로 날아갔다. 아마 중국의 양쯔강이 그들의 겨울 서식지였을 것이다. 물론 겨울이 지나면 다시 한반도로 날아와 번식하며 수천 년을 이렇게 살았다. 그러나 어느 날, 사람들은 농산물 생산을 늘리기 위해 농지를 개간하고 농약을 뿌리기 시작했으며 육식 위주의 식단으로 농경지를 축산폐수로 오염시켰다. 게다가 한국전쟁으로 폭격의 화염 속에 황새의 둥지마저 초토화되었다. 이렇게 수천 년을 살아왔던 황새가 이 땅에서 불과 100년도 채 안 되는 짧은 시간에 모두 사라졌다.

농가 인근의 한국 황새 둥지(2019)

황새를 위한 황새 복원, 즉 황새를 그냥 자연에 방사하는 행위는 진정한 황새 복원이 아닙니다. 하나님은 태초에 한 사람, 한 사람에게 관심을 가지고 이 땅을 창조하셨습니다. 그분은 황새와 같은 생물체들은 숫자로 부르시지만, 사람은 다르게 대하십니다. 우리의 이름을 불러주십니다.

내가 황새 복원 프로젝트에 관심을 가졌던 이유도 여기에 맞닿아 있습니다. 황새가 살아가는 곳의 사람들, 즉 농민들의 삶의 질 향상에 맞추어졌기 때문입니다. 그러나 막상 황새를 증식시켜 놓고 보니, 내 생각에 동의해 줄 사람이 아무도 없었습니다. 결국, 내게 있어 좁은 문은 이 나라에서의 황새 복원이었습니다.

탈출한 황새

2014년 봄이었습니다. 관리하고 있던 황새 사육장(충북 청원군)에서 2년생 암컷 황새가 탈출하는 일이 벌어졌습니다. 그 황새는 그곳 강 이름을 따서 '미호'라고 불렀습니다. 미호는 탈출이라기보다는 사라졌다고 해야 맞습니다. 사육사가 먹이를 공급하던 잠깐 사이에 열린 문틈 사이로 빠져나와 순식간에 어디론가 사라졌기 때문입니다.

7개월 후 어느 겨울, 경남 하동에서 미호가 발견되었다는 제보를 받았습니다. 제보자는 미호의 다리에 붙어있는 가락지를 보고 제게 알려 왔습니다. 미호는 그 이듬해 초봄, 사육장에서 그리 멀지 않은 충북 진천의 백곡천으로 돌아왔습니다. 진천은 우리나라 과거 황새의 번식지 중 한 곳이었습니다. 내가 세운 가설이 맞다면 그곳에서 번식하려고 했던 모양입니다. 5월의 어느 날이었습니다. 미호는 그곳에서 농약 중독으로 3개월도 채 버티지 못하고 사라졌고, 더 이상 행방이 알려지지 않았습니다.

농약 중독인 걸 어떻게 알았을까요?

농사철이라 근처에서 동네 주민이 풀 약이라고 하면서 제초제를 뿌리고 있는 모습을 목격했기 때문입니다. 또한, 미호가 날았던 장소는 이미 풀들이 노랗게 변해 있었고 그 옆에는 빈 농약병들이 나뒹굴고 있었습니다.

내게 있어 이 일은 노아의 방주와 같은 의미를 지니게 됐습니다. 하나님께서 이 땅을 물로 심판을 내리자 노아는 물이 줄어들었는지 알아보려고 맨 먼저 까마귀 한 마리를 바깥으로 내보냈습니다. 노아의 이런 시도는 비둘기로 이어졌습니다. 비둘기가 올리브 잎을 부리에 물고 오는 것을 보고 물이 빠진 것을 알게 되었던 것처럼, 이 일을 통해 아직은 황새들을 바깥으로 보낼 시간이 아님을 알게 되었기 때문입니다.

노아의 방주는 하나님이 이 땅을 물로 심판한 사건입니다. 사람들은 농약, 제초제, 축산폐수 및 가축의 분뇨 등 오염으로 황새마저 발붙일 곳

어둠 속 침묵(2015)

없는 땅으로 만들었습니다.

침묵의 소리

자연과학자가 된 후 가장 처음 만난 동물은 박쥐입니다. 박쥐 탐지기를 통해 박쥐의 초음파를 처음 들었을 때, 연구에 대해 기쁨과 희열을 만끽했습니다. 평생 살아오면서 내 귀로는 들을 수 없는 소리를 들었기 때문입니다. 박쥐들은 초음파로 먹이를 찾고, 장애물을 분간합니다. 내가 박사학위 논문으로 제출했던 흡혈박쥐도 초음파를 주고받으며 대화를 합니다.

그 소리를 초음파 탐지기로 처음 들었을 때, 마치 오케스트라 연주와 같은 소리로 내게 다가왔습니다. 멀리서 나방이 날개를 펄럭거리며 다가오자 반향음은 높낮이를 재빨리 바꾸었습니다. 거의 한 옥타브 차이를 두고 피치를 올렸다 내렸다 반복했습니다. 박쥐는 소리로 한밤중에 스트로브(섬광등)를 켜고 춤추는 사람들이 깜빡거리는 빛에 따라 순간 정지된 듯한 세상, 그러니까 마치 구분 동작의 연속처럼 보이는 세상을 보고 있었습니다.

이런 박쥐의 생태를 통해 '아, 하나님은 태초에 이 소리도 만드셨구나!' 하는 경외감을 느꼈습니다. 사람들이 이 땅에 살기도 훨씬 전부터 만드신 소리에 경탄하고 만 것이죠. 성경은 이런 자연의 신비를 다음과 같이 기록하고 있습니다.

> 하나님이 자기를 사랑하는 자들을 위하여 예비하신 모든 것은 눈으로 보지 못하고 귀로 듣지 못하고 사람의 마음으로 생각하지도 못하였다 함과 같으니라(고전 2:9).

우리가 사는 이 지구도 태양을 중심으로 1초에 무려 30킬로미터에 가까운 속도로 돌고 있습니다. 시속으로 계산하면 무려 10만 킬로미터가 넘는 속도입니다. 이때 발생하는 소리는 박쥐의 초음파보다 수십만 배 고음의 초음파 굉음을 냅니다. 얼마나 다행인지 모르겠습니다. 이 소리를 듣는다면 이 지구에는 한 사람도 살아남지 못했을 겁니다.

사람의 귓속 달팽이관 안에는 주파수에 따라 진동하는 아주 얇은 기저막이 있습니다. 기저막을 길게 펼치면 3센티미터 정도도 안 됩니다. 달팽이관 입구는 저주파를 감지하고 달팽이관 끝은 고작 2만 헤르츠 고주파를 감지할 뿐입니다. 초음파는 2만 헤르츠 이상의 음을 말합니다. 그러니 인간은 박쥐의 초음파나 지구가 공전하는 소리는 듣지 못합니다. 분명히 이 우주에 존재하지만 기저막 진동 한계치를 벗어난 소리를 들을 수 없게 하나님께서 처음부터 설계하여 만드신 것입니다.

십자가 우주선

하나님은 태초에 지구라는 우주선 안에 가장 먼저 동식물을 만드셨습니다. 그리고 최초의 승객인 아담을 만드셨습니다. 그 후 우주선에는 많은 승객이 눈에 보이지 않는 하나님을 무시하고, 스스로 우상을 만들어 그것을 자신들의 신으로 모셨습니다. 그뿐만이 아닙니다. 죄라는 사탄의 속임수에 빠져 사망에 이르렀습니다. 결국 인류는 진창 속에서 씨름하며 사는 허무한 존재로 바뀌었습니다.

그때부터 하나님은 그분을 사랑하는 사람들의 삶을 아들인 예수님의 삶을 본떠 빚고자 결정해 두셨습니다. 하나님의 아들은 그분께서 회복시키신 이 승객들의 맨 앞줄 조종 칸에 자리 잡고 계십니다(롬 8:28-29). 이 우주선의 조종사는 하나님이십니다. 그분의 오른쪽 조종 칸을 잡고 계신 분이 바로 독생자 예수님이십니다.

방금 좁은 문을 통과한 '나'라는 크리스천은 지구라는 우주선에 올라탔습니다. 한 승무원이 십자가 표시가 있는 좌석으로 안내했습니다. 그리고 크리스천이 등에 지고 있었던 무거운 짐을 받아 주었습니다. 크리스천은 그동안 짓누르고 있던 죄라는 짐을 벗고 더할 나위 없이 즐거워하며 행복에 겨워 소리쳤습니다.

"주님이 우리와 같이 육신으로 오셔서 고통을 당하신 덕에 내가 쉼을 누리고, 그분이 스스로 죽음을 택하신 까닭에 내가 생명을 얻었구나!"

두 번째 승무원이 크리스천에게 다가왔습니다. 그는 친절하게도 크리스천의 더러운 옷을 벗기고 새 옷을 입혀 주었습니다. 크리스천은 성경 말씀을 생각해 냈습니다.

> 여호와께서 자기 앞에 선 자들에게 명령하사 그 더러운 옷을 벗기라 하시고 또 여호수아에게 이르시되 내가 네 죄악을 제거하여 버렸으니 네게 아름다운 옷을 입히리라(슥 3:4).

사도 바울도 에베소서에서 '옛 사람을 벗어 버리고 새사람을 입으라'고 조언했습니다(4:22-24).

세 번째 승무원은 크리스천에게 다가와 이마에 인을 쳤습니다. 그러고는 그에게 단단히 봉인된 두루마리 하나를 건네며 이 우주여행을 하면서 이 두루마리를 자주 펼쳐 보라고 말했습니다. 이때 크리스천에게 또하나의 성경 말씀이 생각났습니다.

> 그 안에서 너희로 진리의 말씀 곧 너희의 구원의 복음을 듣고 그 안에서 또한 믿어 약속의 성령으로 인치심을 받았으니(엡 1:13).

그는 이 지구라는 우주선을 타고 가면서 두루마리 성경 말씀도 수시로 꺼내 읽기로 작정했습니다. 아, 이 우주선 안에는 크리스천만 타고 있는 것이 아니었습니다. 무려 80억 명이라는 엄청난 숫자의 사람들이 동승하고 있었습니다.

십자가 우주선(2022)

04

해석자의 집

인생을 성공적으로 살아가려면 누구에게나 멘토가 필요합니다. 하물며 하늘나라를 열망하며 사는 신앙인이라면 더더욱 그러합니다. '크리스천'에게는 '해석자'가 있었습니다. 해석자는 *크리스천*에게 시온성을 향한 순례길에서 가슴속에 깊이 새겨야 할 이야기를 들려주었습니다.

지금까지 무거운 짐을 벗어버린 *크리스천*은 몸이 한결 가벼짐을 느꼈습니다. 그의 손에는 두루마리가 쥐어져 있었습니다. '선의'의 안내를 받고 해석자의 집에 도착한 *크리스천*은 자신을 이렇게 설명했습니다.

"저는 멸망의 도시에서 온 나그네인데, 이 댁의 주인과 잘 아는 분이 저에게 이리로 와서 이 댁의 주인을 만나면 그분이 유익한 것을 보여 주실 거라고 해서 왔습니다. 이 댁의 주인이 안에 계신가요?"

문지기가 주인을 부르러 간 지 얼마쯤 지나자 해석자라는 분이 나타났습니다. *크리스천*은 정중히 인사를 했고 해석자는 친절히 *크리스천*을 맞아 주었습니다.

"저는 멸망의 도시를 떠나 시온산을 향하여 가고 있는 나그네입니다. 순례길에 도움이 될 만한 유익한 것들을 보여 주실 것이라고 해서 이렇게 찾아왔습니다."

"잘 오셨습니다. 당신에게 도움이 될 만한 것들을 보여 드리지요."

해석자의 친절에 *크리스천*은 매우 감사함을 느꼈습니다. 해석자는 하인에게 촛불을 켜라고 명령하면서 *크리스천*에게 따라오라고 했습니다.

물 뿌리는 자와 빗자루로 쓰는 자

해석자는 매우 넓은 객실로 *크리스천*을 데려갔습니다. 그곳은 여태껏 한 번도 청소를 하지 않아서 온통 먼지투성이었습니다. 해석자는 잠시 그곳을 둘러보더니 하인을 불러 청소를 시켰습니다. 하인이 방을 청소하기 시작했을 때 어찌나 먼지가 많이 일어나는지 *크리스천*은 거의 질식할 정도였습니다. 그러자 해석자는 옆에 서 있던 한 여인에게 "물을

해석자와 크리스천(2022)

이리로 가져다가 뿌려 보아라"하고 일렀습니다. 그녀가 물을 뿌리자 먼지가 가라앉아 방은 말끔해졌습니다. 해석자는 다음과 같이 지금까지의 일들을 풀어 설명해 주었습니다.

"이 객실은 복음의 달콤한 은혜로 성화된 일이 한 번도 없는 인간의 마음입니다. 먼지는 인간의 원죄와 모든 인간을 이렇게 만드는 부패를 의미합니다. 처음 이 방을 쓸기 시작한 사람은 '율법'입니다. 그리고 다음에 물을 뿌려 준 여자는 '복음'입니다. 율법이라는 것이 죄를 발견하고 금지시키기는 하지만 아예 죄를 뿌리 뽑지는 못합니다. 여자가 마루에 물을 뿌려 모든 먼지를 가라앉힌 것처럼, 죄는 사라지고 근절되었습니다. 우리 영혼도 믿음으로 정결하게 될 때 영광의 왕이 기거하시기에 합당한 장소로 변화됩니다."

곧이어 해석자는 크리스천의 손을 잡고 다른 작은 방으로 인도했습니다. 그곳에는 '욕망'과 '인내'라는 두 소년이 있었습니다. 이들을 본 크리스천이 질문했습니다.

"욕망이 불만을 품고 있는 이유가 무엇입니까?"

이번에도 해석자는 친절하게 대답해 주었습니다.

"그 소년들의 아버지가 가장 좋아하는 선물들을 그들에게 가져다줄 테니 내년 초까지만 기다리라고 했지요. 그런데 욕망은 지금 당장 달라고

물 뿌리는 자와 빗자루로 쓰는 자(2022)

하고 인내는 기꺼이 기다리고 있는 중입니다. 그러나 어떤 사람이 보물 한 자루를 짊어지고 욕망에게로 다가와서 그의 발아래 쏟아 놓는 것을 보았습니다. 욕망은 그것을 집어 들어 제멋대로 낭비하고 즐기면서 인내를 비웃고 조롱했습니다. 그러나 얼마 되지 않아서 욕망은 모든 것을 낭비해 버리고 남은 것이라고는 누덕누덕하게 기운 누더기 조각뿐이었습니다."

욕망과 인내

"이것은 무엇을 의미하는 건가요?"

*크리스천*이 다시 물었고 해석자의 대답이 이어졌습니다.

"이 두 소년은 상징적인 인물들입니다. 욕망은 현세의 인간들을 상징하고 인내는 내세의 인간들을 상징합니다. 우리가 여기서 방금 본 것처럼 욕망은 지금 당장 이 세상에서 모든 것들을 갖고자 합니다. 마찬가지로 이 세상의 사람들도 지금 당장 그들이 차지할 수 있는 모든 것을 갖고자 하며, 미래의 세상이 올 때까지 기다리지 못하는 것입니다. '손에 잡은 한 마리의 새가 숲에 있는 두 마리의 새보다 낫다'는 속담은 장차 다가올 세상의 복락에 대한 하나님의 증언보다 그들에게는 더 믿을 만한 가치가 있다고 여긴다는 뜻입니다. 그러나 당신이 보다시피 모든 것을 순식간에 낭비해 버리고 겨우 누더기 조각밖에 남은 것이 없었던 욕망처럼 이 세상의 물질에만 눈이 어두운 모든 사람도 현세의 종말이 다가왔을 때 결국, 그와 같이 될 것입니다."

기름 부음과 물 뿌림

해석자는 다시 *크리스천*의 손을 잡고 또 다른 방으로 들어갔습니다. 그곳의 한쪽 벽난로에는 불이 활활 타오르고 있었습니다. 한 사람이 벽난로 옆에 서서 그 불길을 끄기 위해 많은 물을 끼얹고 있었으나 불이 꺼지기는커녕 점점 더 높이, 그리고 더 뜨겁게 타올랐습니다.

"이것은 무엇을 의미합니까?"

*크리스천*이 물었습니다.

"이 불은 사람의 마음속에서 작용하는 은혜를 의미합니다. 불에 물을 끼얹어 꺼 버리려고 노력하는 자는 마귀인데, 그런데도 불은 점점 더 세차게 타오르고 있습니다. 이제 그 이유를 보여 드리겠습니다."

해석자는 이렇게 말하면서 *크리스천*을 데리고 벽 뒤쪽으로 갔습니다. 거기에는 한 사람이 손에 기름병을 들고 몰래, 그러나 끊임없이 불 위에 기름을 끼얹고 있었습니다. 해석자는 말을 이어 나갔습니다.

욕망과 인내(2022)

"이분이 바로 그리스도이십니다. 인간의 마음속에 이미 넣어 준 은혜를 보전하기 위하여 끊임없이 은혜의 기름을 부어 주고 계신 것입니다. 마귀가 아무리 은혜를 없애려고 수단과 방법을 가리지 않고 날뛰어도 인간의 영혼은 이분으로 인해 그분의 자비로우신 은총을 변함없이 누리게 됩니다. 또한, 당신께서 보는 바와 같이 이분이 불을 보전하기 위하여 남몰래 벽 뒤에 서서 끊임없이 기름을 부어 주고 있는 이유가 있습니다. 한 번 악마의 속임수에 빠진 영혼에게 그 은혜를 유지시키는 일이 얼마나 어려운 일인가를 당신에게 가르쳐 주기 위함입니다."

명쾌한 해석자의 해설을 들은 *크리스천*이 다짐하듯 말했습니다.

"그동안 유익한 것을 많이 가르쳐 주셔서 정말 감사합니다. 자, 이제는 떠나야 할 것 같습니다."

내가 만난 해석자

*크리스천*에게 해석자는 그의 신앙심을 더욱 고취해 주었습니다. 나의 순례길에도 사도 바울이라는 해석자가 있습니다. 그는 원래 예수를 믿지 않던 사람이었습니다. 오히려 예수를 믿는 사람을 잡아 가두고 핍박한 사람이었습니다. 다마스쿠스 도상에서 눈멀어 예수님의 음성을 직접 들은 그날도 예수쟁이들을 잡으러 가던 길이었습니다. 우리는 바울이 예수님을 믿는 사람으로 변화되는 과정을 성경에서 확인할 수 있

기름 부음과 물 뿌림(2022)

습니다.

그날 바울은 대제사장에게 가서 다마스쿠스의 여러 회당에 가져갈 체포영장을 받아 가는 중이었습니다. 다마스쿠스 외각에 이르렀을 때, 갑자기 눈부시게 환한 빛 때문에 앞이 보이지 않았습니다. 그가 바닥에 쓰러졌는데, 한 음성이 들려왔습니다(행 9:1-5).

"사울아, 사울아, 왜 나를 해치려고 하느냐?"

"주님, 누구십니까?"

"나는 네가 핍박하는 예수다."

바울은 회심하고 순교하기까지 하나님께 순종한 삶을 살았습니다.

죄와 죽음으로부터 자유로운 사람은 아무도 없습니다. 원래 우리는 죄 없이 지음을 받았습니다. 그러나 아담에 의해 죄가 들어와 하나님과의 분리를 경험해야만 했습니다. 우리를 이런 지경에 빠뜨린 아담은, 우리를 거기서 구원해 주실 분을 앞서 가리키는 존재이기도 합니다(롬 5:12-14). 그러나 우리를 구출하는 이 선물은, 죽음을 초래하는 그 죄와 비교가 되지 않습니다.

다마스쿠스의 바울(2022)

생각해 보십시오! 한 사람의 죄가 수많은 사람을 하나님과의 분리라는 그 죽음의 심연에 밀어 넣었다고 할 때, 한 사람 예수 그리스도를 통해 쏟아부어지는 이 하나님의 선물은 우리에게 어떤 것을 가져다줄까요?

한마디로 요약하면, 한 사람이 잘못을 범해 우리 모두 죄의 죽음이라는 곤경에 처하게 된 것처럼, 또 다른 한 사람이 올바른 일을 함으로 모두 거기에서 벗어날 수 있게 되었습니다(롬 5:18-19). 죄는 우리가 은혜라고 부르는 그 전투적 용서에는 도저히 맞수가 되지 못합니다. 죄와 은혜가 맞설 때, 이기는 쪽은 언제나 은혜입니다. 죄가 할 수 있는 일이라고는 죽음으로 우리를 위협하는 것이 전부입니다. 그나마 이제 그 일도 끝났습니다. 하나님께서 메시아를 통해 모든 것을 바로 세우고 계시기에, 은혜가 우리를 생명의 삶 속으로 이끌기 때문입니다. 끝없는 삶, 다함 없는 영생으로 말입니다(롬 5:20-21).

나는 웬만한 목사님들의 설교에는 별로 감동받지 않습니다. 너무 습관적으로 예수님을 믿고 있기 때문일 것입니다. 그러나 바울이 쓴 13편의 서신을 읽으면 상황은 달라집니다. 자꾸 읽고, 또 읽어도 새롭습니다. 13편의 서신 중 로마서는 영적인 삶으로 인도하고도 남을 만한 글들로 꽉 차 있습니다.

『메시지』성경을 쓴 유진 피터슨 목사는 로마서 서문을 다음과 같이 기록하고 있습니다.

바울이 이 편지를 쓰기 약 30여 년 전, 역사를 "그전"과 "그 후"로 나눠지게 하고 세상을 바꿔 놓은 한 사건이 일어났다. 예수의 삶과 죽음과 부활이 바로 그것인데, 이는 광대한 로마 제국의 한 외딴 귀퉁이, 팔레스타인의 유다 지방에서 일어난 사건이었다. 사람들에게 거의 주목받지 못했던 일, 부산하게 돌아가던 권력의 도시 로마에서는 분명 아무도 거들떠보지 않았을 그런 사건이었다.

이 편지가 로마에 도착했을 때도 극소수의 사람들만이 읽었을 뿐, 힘 있는 사람들은 아무도 읽지 않았다. 로마에는 읽을거리가 많았다. 황제의 칙령, 세련된 시, 정교한 도덕철학 등이 넘쳐났고, 게다가 그 대부분이 수준급이었다. 그러나 얼마 지나지 않아 그런 글들은 결국 다 흙먼지를 뒤집어쓰는 신세가 되고 말았다. 하지만 이 편지는 그렇지 않았다. 로마 사람들에게 보낸 바울의 편지는 그 로마 작가들이 쓴 책들 전부를 다 합쳐 놓은 것보다 훨씬 더 광범위한 영향을 끼쳤다.

바울이 없었더라면 하나님과 그의 아들 예수 그리스도를 모르고 살 뻔했습니다. 잠에서 깨어 일어나, 다시 성경을 꺼내 들었습니다. 베드로는 오늘 내게 베드로후서 1장 10-11절 말씀을 통해 이렇게 말합니다.

"하나님께서 우리를 초청하고 선택하신 것이 옳았음을 입증해 보이라! 그럼, 예수 그리스도의 영원한 나라를 향한 생명을 얻게 될 것이다."

베드로는 다시, 내게 이렇게 부탁합니다.

> 나는 조만간 내가 죽게 되리라는 것을 압니다. 내가 특별히 바라는 것은, 여러분이 이 모든 것을 문서화했으면 하는 것입니다. 내가 이 세상을 떠난 뒤에도, 여러분이 언제든지 찾아볼 수 있게 말입니다(벧후 1:15, 메시지).

성경의 저자 가운데 가장 좋아하는 인물을 꼽으라면 '시몬 베드로'라고 감히 말합니다. 그는 오늘날의 사람들처럼 출중한 스펙을 소유한 인물이 아닙니다. 바울처럼 당대 최고의 지성과 우월한 유전자를 물려받은 사람도 아닙니다. 학식을 갖춘 학자도 아닌 어부 출신이었습니다. 베드로전후서 단 두 편밖에 쓰지 못했지만, 하나님이 그를 불러주지 않으셨다면 도저히 감당할 수 없는 일이었습니다.

하나님께서는 바울처럼 지성과 학식을 갖춘 훌륭한 가문의 DNA를 가진 사람도 택하시지만 베드로처럼 보잘것없는 DNA를 가진 사람도 선택해 예수님의 수제자로 쓰셨습니다. 이에 바라는 것이 있다면, 나의 이런 기록들도 믿음의 선조들이 그랬던 것처럼 주 안에서 선을 이루는 도구로 쓰였으면 합니다.

05

단순, 나태, 거만

게으른 사람에게 우리는 개미의 부지런함을 본받으라고 조언합니다. 정말 개미가 부지런할까요? 개미뿐만 아니라 대부분의 동물들은 그리 부지런한 편은 못됩니다. 생물학 분야의 최신 화두가 되는 학문이 사회생물학(Sociobiology)입니다. 개미는 사회생물학 연구의 기초를 제공했습니다. 사회생물학 이론과 개미를 바탕으로 제 안에 살아 계신 주님에 대한 이야기를 『천로역정』의 인물들- 단순, 나태, 거만, 허례, 위선-과 함께 하려 합니다.

짐을 벗은 *크리스천*은 언덕 아래에서 세 사람이 서 있는 것을 발견했습니다. 그들 손목에는 쇠고랑이 채워져 있었고 그들 각자의 이름은 '단순', '나태', 그리고 '거만'이었습니다.

"여보세요! 만일 원하신다면 제가 당신들의 쇠고랑을 풀어보겠습니다."

*크리스천*은 세 순례자의 답답한 상태를 보고 벗어날 수 있도록 돕고자 했습니다. 그러나 그들의 대답은 예상 밖이었습니다.

단순 : 나는 아무런 위험 같은 것을 느끼지 못합니다. 그냥 이대로가 얼마나 살기 좋은데요.

나태 : 전, 여기서 조금 쉬면서 수다나 떨어야겠습니다.

거만 : 사람들은 모두 제멋대로 살아갑니다. 공연히 남의 일에 참견 말고 댁의 일이나 알아서 잘 하시지요.

*크리스천*은 영적으로 매우 위험한 상황에 있는 세 순례자를 도우려 했지만 그들의 반응은 오히려 냉담, 게으름, 과민함으로 되돌아왔습니다. 하는 수 없이 이 사람들과 작별하려고 할 때, 좁은 길 저쪽에서 왼편의 담을 뛰어넘어 오는 두 사람을 목격했습니다. 한 사람은 '허례'이고 다른 한 사람은 '위선'이었습니다. *크리스천*은 대화를 나누려고 그들에게 가까이 다가갔습니다.

"두 분은 어디서 오는 길이며 또 어디로 가는 길입니까?"

*크리스천*의 질문에 허례가 먼저 대답했습니다.

단순과 나태 그리고 거만(2022)

허례와 위선(2022)

"우리는 '헛된 영광'이라는 도시에서 태어난 사람들인데 영예를 찾으려고 시온산으로 가는 길입니다."

크리스천은 질문을 이어 나갔습니다.

"이 길 어귀에 문이 하나 서 있는데 왜 그리로 들어오지 않고 담을 넘어오는 겁니까? 문으로 들어오지 않고 다른 데로 넘어가는 자는 절도며 강도라고 성경에 쓰여있는 것을 모르십니까?"

그러자 이번엔 위선이 대답했습니다.

"우리뿐 아니라 우리 고장 사람들은 입구에 있는 문을 통해서 시온으로 가는 길은 너무 멀고 힘들다고 모두 지름길을 택해 우리처럼 담을 넘어오는 것이 예사지요."

크리스천도 물러서지 않았습니다.

"그처럼 불법으로 쉬운 길을 택하는 것은 우리가 지금 찾아가고 있는 하늘나라의 주님 뜻을 어기고 제멋대로 행동한 죄가 아닐까요?"

허례도 만만치 않습니다.

"그런 일에 대해 당신이 이러쿵저러쿵할 필요가 없습니다. 이것은 우리고장 사람들에게 천 년 이상 계속되어 온 관습입니다."

*크리스천*의 반격이 이어집니다.

"저는 하나님의 법에 따라 행하고 있지만 당신들은 마음 내키는 대로 함부로 행동하고 있는 것이 아닙니까? 이 길의 주인이신 하나님은 담을 넘어오는 자는 모두 도둑으로 규정짓고 있습니다."

이번엔 위선이 대답합니다.

"율법이나 규례에 대해서는 우리도 당신 못지않게 양심적으로 잘 따르고 있으니, 그 점에 대해서는 당신이나 우리나 다를 것이 없습니다."

이런 대화를 하면서 걷던 허례, 위선 그리고 크리스천은 곤고재 산자락에 이르렀습니다. 허례와 위선은 산을 왼편으로 감싸고 돌아가는 길을 선택했습니다. 거기는 '위험'이라는 길이었습니다. 이름이 가리키듯, 곧바로 외길이 아니라 다양한 신앙이념에 따라 갈가리 찢어지는 복잡한 길이었습니다. 비탈을 오르자면, 생각했던 것보다 품이 훨씬 많이 들겠다고 판단한 위선은 오른편으로 난 멸망의 길로 들어섰습니다. 그 역시 똑바른 대로가 아니라 다른 신앙과 사회적 철학을 좇아 천 갈래 만 갈래로 나뉘는 샛길이었습니다. 그러나 *크리스천*은 십자가 앞에서 받은 두루마리를 꺼내 읽었습니다. 곧 마음을 다지고 전도자가 가르쳐준 길을 다시 걸었습니다.

개미로부터 얻은 영성

존 번연이 단순, 나태, 거만이라는 사람들을 *크리스천의 순례길*에 등장시킨 것은 그의 독창적 이야기 방식입니다. 이들을 통해 그 당시 사람들의 영적인 게으름을 지적하고 싶었던 것이죠. 원문에 그때그때 성경 주석을 달아 놓은 것에서 이런 그의 생각을 읽을 수 있습니다. 성경은 개미를 보고 교훈 삼으라고 직접적으로 조언합니다.

> 게으른 자여 개미에게 가서 그가 하는 것을 보고 지혜를 얻으라(잠 6:6).
> 먹을 것을 여름 동안에 예비하며 추수 때에 양식을 모으느니라(잠 6:8).

예전에는 개미나 동물을 관찰하고 거기에서 지혜를 배울 것을 권면하곤 했습니다. 저 역시 동물행동학을 연구하기 전에는 나무늘보같이 이름에서 금방 알 수 있는 동물들을 제외하면 모두 부지런하다고 생각했습니다. 그러나 동물을 관찰해 보면, 사냥하는 시간을 제외하고는 하루 종일 쉬고 있는 모습을 볼 수 있습니다. 요즘 동물 다큐멘터리 촬영 감독들은 한 장면을 찍기 위해 하루 종일, 심지어는 며칠 밤을 기다리기도 합니다. 나 역시 갈매기 어미와 새끼 간의 의사소통 시스템을 연구하기 위해 방송국 다큐 촬영팀을 대동하고 경남에 홍도라는 무인도 번식지를 찾았을 때, 연구자로서 지루함을 느낄 때가 많았습니다.

개미에 대한 연구로 사회생물학 분야를 처음 개척한 에드워드 윌슨(E.O.Wilson) 교수는 하버드대학교에서 개미 연구로 박사학위를 받고 그 대학에서 연구 활동을 하다가 2021년 12월에 만 92세로 고인이 되셨습니다.

나는 그의 방대한 분량의 저서 『사회생물학』(Sociobiology: the new synthesis) 한글 번역에 참여하면서 '하등 생물에서 고등 사회성 생물, 그리고 인간 집단에 이르기까지 일관적으로 적용되는 통일된 그의 생물학적 통찰력'에 감탄하지 않을 수 없었습니다.

그의 『사회생물학』은 생물학의 영역을 넘어 사회학, 문화인류학, 윤리학 그리고 도덕철학에 이르기까지 막대한 영향을 미쳤습니다. 어쩌면 그는 나와 동업자가 될 수 있겠다는 생각이 듭니다. 동업자로 그가 부럽기도 하고 자랑스러웠습니다.

오늘날 과학자들은 개미 사회 내에 인간 사회와 같이 별의별 직업군이 있다는 사실을 알아냈습니다. 무엇보다 개미들은 주로 냄새라는 신호로 의사소통을 합니다. 개미들의 사회에는 쓰레기를 치우는 청소 개미가 있습니다. 이들은 평생 허드렛일을 도맡아 합니다. 쓰레기를 치우는 일

개미로부터 얻은 영성(2019)

개미에게는 쓰레기 냄새가 납니다. 다른 개미들은 그 냄새를 맡으며 공격적인 행동을 보입니다. 쓰레기 처리 개미가 몰래 다른 일을 하고 싶어도 쓰레기 냄새 때문에 그럴 수 없습니다. 다른 개미가 쓰레기 냄새를 맡자마자 쓰레기 더미 쪽으로 떠밀기 때문입니다.

또 개미 사회에는 장의사 개미가 있습니다. 이 개미는 시체에서 나오는 올레산 냄새에 특별히 민감합니다. 사람처럼 숨소리나 심장박동을 통해 생사를 확인하지 않습니다. 순전히 냄새만으로 죽었다는 것을 알 수 있습니다. 조금 짓궂을지 몰라도 과학자들은 살아있는 개미의 몸에 올레산을 묻힌 후 실험을 합니다. 살아 움직이는 그 개미에게 올레산 냄새가 나면 다른 개미에 의해 곧바로 공동묘지로 끌려갑니다.

사람이 이 땅에서 살아온 지는 불과 300만 년밖에 되지 않습니다. 그러나 개미는 1억 4천만 년이 넘습니다. 개미는 허투루 나이만 먹은 것이 아닙니다. 사람보다 1억 년 이상을 더 살아왔기에 명실상부한 하나의 문명, 즉 경험을 축적하여 개미들만의 문명을 건설해 왔습니다.

사람들은 지구상에서 1만 4천 종의 개미를 찾아냈습니다. 과학자들은 아마 이것보다 몇 배 더 많은 종이 존재할 것으로 추정합니다. 이들은 남극과 북극을 제외한 지구를 점령해 왔습니다. 그러니 사람보다 훨씬 일찍, 각 군체가 지구의 토양과 기후에 적응하면서 문명 생활을 해 왔던 것입니다.

개미는 애벌레를 사용하여 얇은 천을 만들거나 일개미들을 활용해서 먹이를 공급할 줄 압니다. 또한, 일개미들을 살아있는 냉장고로 변형시키고 진딧물을 사육하여 분비물을 짜내며, 술과 곡물 가루와 버섯을 재배하는 법도 알고 있습니다.

산에 오르면 하늘과 땅에서 자연의 아름다움과 신비함을 감상할 수 있습니다. 좁쌀 크기도 안 되는 작은 뇌를 가진 이 생명체 안에도 묘한 하나님의 섭리가 작동하고 있다는 사실에 감탄하지 않을 수 없습니다. 과학자들의 탐구를 통해 더 많은 이 땅의 작은 생명체의 신비가 계속 밝혀질 것입니다.

한때 자연과학자로 살았기에 조금 더 힘을 내 보려 합니다. 이 작은 생명도 열심히 살아간다는 것을 느끼는 순간, 이 땅 위에 인간이 살기 훨씬 전부터 다함 없는 세상을 만드신 하나님의 섭리를 소리 높여 외쳐 봅니다.

인간을 신으로 모신 개미 사회

윌슨 교수의 저서를 읽고 영향을 받은 것일까요?

프랑스 소설가 베르나르 베르베르는 『개미』에서 인간을 신으로 믿는 개미 사회의 단면을 묘사하는 장면이 나옵니다. 이 소설은 『천로역정』의 등

개미의 신, 인간(2021)

장인물인 '허례'와 '위선'과 같이 반기독교적 성향을 지닌 독자들이 흥미를 갖기에 충분합니다. 소설가의 상상력은 자연과학자의 시선으로 봐도 흥미롭습니다. 소설이 개미 사회를 등장시켜 인간의 신앙을 비하하고 있다는 느낌을 받지만, 실제로 개미를 관찰하고 있으면 이내 그런 상상은 얼마든지 가능합니다.

나는 인왕산에 올라 여의도에 높게 솟은 고층건물, 남산타워를 넓은 창공을 통해 바라볼 수 있지만, 발밑의 개미들은 그런 장관을 볼 수 없습니다. 눈이 멀어서 볼 수 없는 것이 아닙니다. 개미들은 가까운 거리의 물체는 명암과 실루엣 정도만 볼 수 있는 눈을 가지고 있습니다.

내 발밑에서 탐색길에 나선 개미 한 마리가 있었습니다. 허리를 굽혀 손톱으로 바위 바닥을 스치자 그 개미는 뒤로 돌아 줄행랑치고 말았습니다. 개미의 다리에는 진동을 감지하는 털이 있습니다. 개미의 다리털 감각으로는 내 손톱의 진동이 갑자기 하늘에서 내려오는 천둥과 번개로 느껴졌을 것입니다. 이런 맥락에서 개미들의 감각 세계로는 인간을 신으로 여긴다는 소설가의 상상력은 설득력이 있습니다. 그러니 베스트셀러가 되었겠죠.

동업자인 윌슨 교수는 무종교자입니다. 하나님에 대한 생각이 나와는 다릅니다.

왜 그럴까요?

이철환의 저서 『예수 믿으면 행복해질까』에는 아름다운 꽃의 이름을 알고 싶어하는 딸과 아버지의 대화가 등장합니다.

> "꽃 이름을 알고 싶으면 그 꽃에게 '네 이름이 뭐니?'하고 물어봐. 그러면 언젠가는 꽃이 자기 이름을 말해 줄 거야."
> 딸아이는 아빠의 이야기를 믿지 않았습니다. 그러던 어느 날이었습니다. 그날도 길을 걷다가 그 꽃 앞에서 아이와 쪼그려 앉아 있었습니다. 한 무리의 사람들이 제 옆을 지나다가 그 꽃을 바라보며 '은방울꽃 참 예쁘다'라고 큰 소리로 말해 주었습니다.

그제야 작가는 그 꽃의 이름을 알게 된 것입니다. 윌슨은 평생 그 꽃을 알려고 하지 않았고, 나는 평생 그 꽃의 이름을 알고 싶어 그 꽃 앞에서 쪼그려 앉아 있었던 사람입니다. 그 꽃 앞에 앉아 있을 때, 옆을 지나가면서 그 꽃의 이름을 알려준 사람이 있었습니다. 바로 사도 바울입니다.

> 내가 그리스도와 함께 십자가에 못 박혔나니 그런즉 이제는 내가 사는 것이 아니요 오직 내 안에 그리스도께서 사시는 것이라 이제 내가 육체 가운데 사는 것은 나를 사랑하사 나를 위하여 자기 자신을 버리신 하나님의 아들을 믿는 믿음 안에서 사는 것이라(갈 2:20).

06

곤고의 언덕

세상을 살다 보면 좋을 때도 있지만 간혹 곤고한 시간과 마주할 때가 있습니다. 그 곤고함 앞에서 '겁쟁이'와 '불신'은 왔던 길로 되돌아가고 맙니다. 그 모습은 나의 모습이 될 수 있고, 신앙인이라면 누구나 겪는 어려움이기도 합니다.

성경 말씀 한 글자도 눈에 들어오지 않을 때가 있습니다. 이런 곤고한 시간은 내 곁에 있던 황새 한 마리가 먼 이국땅에서 목숨을 잃었을 때 내게 다가왔습니다. 그때의 심정을 돌이켜 보면, 세상에 누구도 황새의 죽음을 가엽게 여겨 줄 사람이 없다는 데서 오는 자연과학자의 서러움이었던 것 같습니다.

'허례'와 '위선'과 작별한 *크리스천*은 굽은 길에서 또 다른 순례자들을 만났습니다. *크리스천*이 '곤고의 언덕'을 넘자마자 이 길을 역주행해서 오는 두 순례자가 있었습니다. 그들은 '겁쟁이'와 '불신'이라는 이름을 가진 자였습니다. 겁쟁이는 "갈수록 위험한 일들을 만나는데 어떻게 이 길을 전진할 수 있겠느냐"고 반문했습니다. 그래서 자신은 차라리 출발 지점으로 돌아가겠다고 했습니다. 한편 불신은 이 길로 계속 가다 보면 저 앞 길목에 사자가 있는 것을 보게 될 거라며 이렇게 말했습니다.

"이 길을 계속 간다면 결국 사자 밥밖에 더 되겠어?"

두 사람은 미래에 직면할지 모르는 고난에 대한 두려움으로 순례의 발걸음을 되돌려 그릇된 길로 가고 말았습니다.

유황불로 타 버릴 멸망의 도시로 되돌아갈 수 없었던 *크리스천*은 가던 길을 계속 걸을 수밖에 없었습니다. 겁쟁이와 불신이 되돌아간 길이 멸망의 길임을 알아차렸기 때문입니다. *크리스천*은 가파르고 곧은길로 산길을 계속 올랐습니다. 그는 손과 무릎을 땅에 댄 채 간신히 산을 기어 올라갔습니다.

산 중턱에 오르자 큰 나무가 나그네의 쉼터를 만들어 주었습니다. *크리스천*은 나무 밑에서 잠깐 졸다가 깊은 잠에 빠졌습니다. 그때 손에 쥐고 있던 두루마리를 떨어뜨리고 말았습니다.

겁쟁이와 불신(2022)

깊은 잠에 빠진 크리스천

그때 누군가 나타나서 그를 깨우며 말했습니다.

"게으른 자여, 개미에게 가서 그가 하는 것을 보고 지혜를 얻으라."

이 잠언 6장 6절의 말씀을 듣고 잠에서 깬 *크리스천*은 벌떡 일어나서 산꼭대기에 이를 때까지 쉬지 않고 바삐 올라갔습니다. 얼마 후 *크리스천*은 위안을 얻기 위해 두루마리를 읽어 보려고 가슴 안쪽에 손을 넣었지만 두루마리는 감쪽같이 사라진 상태였습니다.

*크리스천*은 낙심천만이었습니다. 어떻게 해야 할지 그야말로 난감했습니다. 거기에 적힌 말씀을 읽으면 위안을 얻을 수 있을 뿐만 아니라 두루마리는 새 예루살렘에 들어갈 수 있는 통행증이기도 했습니다. *크리스천*은 넋 나간 사람처럼 멍하니 서서 허공만 쳐다보았습니다.

기억을 더듬어 보니 고개 중턱 쉼터에서 깊이 잠들었을 때 잃어버린 것 같습니다. *크리스천*은 그 자리에 무릎을 꿇고 주저앉아서 어리석은 행동을 용서해 달라고 하나님께 간구했습니다. 쉼터로 돌아가는 길은 *크리스천*에게 한없이 무겁고 괴로웠습니다. 땅이 꺼질 듯 한숨을 쉬기도 하고 눈물을 훔치기도 했습니다.

쉼터까지 가는 내내 *크리스천*은 길바닥 여기저기 샅샅이 훑었습니다.

나무 밑에서 잠든 순례자(2022)

잠을 깨운 황새(2017)

여행길에 큰 위안을 주었던 두루마리를 찾을 수만 있다면 더 바랄 게 없겠다는 심정으로 말입니다. 다행히 두루마리는 그곳에서 발견됐습니다. 그는 탄식했습니다.

"대낮에 나무 밑에서 졸다니, 나는 참 어리석은 인간이구나! 더구나 위험과 곤경의 한가운데서 낮잠을 자다니! 고갯길의 주인은 순례자들에게 영혼이 한숨 돌리고 가도록 나무 밑에 쉼터를 세웠건만, 난 그 쉼터를 이용해서 육신의 쉼을 얻는 데 급급했구나! 나는 곤고한 사람이구나!"

영성의 잠을 깨운 황새

늘 깨어있으려고 하지만 그렇게 되지 않을 때가 많습니다. 성경 말씀이 눈에 들어오지 않을 때도 있었습니다. 특히 육신의 평안이 찾아오면 그 생활에 안주하고 맙니다. 그러던 중 잠자던 나를 깨웠던 황새가 있었습니다. 바로 '산황'이라는 이름을 가진 황새였습니다.

충북 음성군 생극면 관성리에서 마지막으로 살았던 황새 이후 거의 50년 만에 충남 예산군에서 방사한 황새라서 예산의 '산'자를 따서 이름을 붙였습니다. 산황이는 그냥 황새가 아니었습니다. 자연과학자에게 그 가설을 입증시켜 줄 결정적 키를 가진 황새였습니다.

사연은 황새를 첫 자연 복귀(방사)시켰던 2015년으로 거슬러 올라갑니다.

산황이는 9마리의 동료들과 함께 9월 충남 예산황새공원에서 자연으로 복귀됐습니다. 산황이가 혼자서 자연 방사 3개월 만에 전남 신안 앞바다까지 도달했습니다. 나는 산황이 등에 전파발신기를 달아 그가 이동한 경로를 실시간으로 추적하고 있었습니다.

그때 산황이가 신안 앞바다 우이도 인근 갯벌에서 먹이 사냥을 했습니다. 사냥을 멈추고 남쪽을 향해 비행을 시작한 시각은 2015년 11월 24일, 오전 9시였습니다. 그날은 하늘에 짙은 구름이 덮인 흐린 날이었습니다.

그날, 오후 6시가 지났습니다. 산황이의 발신음이 중국 양쯔강 하구로부터 떨어진 먼바다 동중국해에서 잡혔습니다. 그때까지만 해도 산황이는 2살이었고, 장거리 이동은 처음이었기에 조상으로부터 유전자 정보에 각인된 지도를 따라 양쯔강 하구 겨울 철새 도래지로 향하고 있었습니다. 신안 앞바다에서 그곳까지는 약 600킬로미터에 달했습니다. 그런데 산황이가 양쯔강 하구 철새 도래지 200킬로미터를 앞두고 비행 진로를 변경하기 시작했습니다.

망망대해 위를 날고 있는 산황이 (2015)

'아, 이건 아닌데!'

산황이에게 문제가 생긴 것을 직감했습니다.

그 시각 기상청으로부터 자료를 실시간으로 받기 시작했습니다. 아닌 게 아니라, 산황이가 진로를 변경하기 시작할 시간, 중국 상하이에는 비가 내리고 있었고, 동중국해로 먹구름이 몰려오기 시작했습니다. 산황이는 비행경로를 거의 90도 좌측으로 회전하기 시작했습니다. 그 방향은 산황이가 착지할 어떤 섬도 보이지 않는 망망대해였습니다.

이렇게 산황이는 망망대해의 높은 파도 위를 정처 없이 날고 또 날았습니다. 신안 앞바다를 출발한 지 하루 반나절이 지났습니다. 일본열도 남단 오키나와 인근 오키노에라부섬에서 다시 신호음이 들려오기 시작했습니다. 지금까지 산황이는 물 한 모금도 먹지 못하고 거의 1천7백 킬로미터를 비행했던 것입니다.

2015년 11월 26일, 오전 7시를 기점으로 산황이가 보낸 발신음은 더 이상 잡히지 않았습니다. 섬에 도착 후 12시간은 살아있던 것이 확실한데, 발신음이 끊긴 후 산황이에게 무슨 일이 일어났을지 몰라 불길한 생각이 들기 시작했습니다.

자연과학자로서 먼저 일본 황새 전문가들에게 연락을 취했습니다. 그런 다음 곧바로 일본을 방문해 황새전문가들 앞에서 산황이가 일본으로 날아간 경위를 설명했습니다. 설명을 들은 일본 과학자들도 산황이의 행방을 찾기 위해 오키노에라부 지역 단체장에게 연락을 취해 주었습니다. 지역 방송에서도 산황이에 대한 방송이 이어졌습니다.

"한국에서 황새 한 마리가 이 섬마을에 도착했으니 황새를 보신 분은 즉각 신고해 주시길 바랍니다."

이 방송은 산황이의 발신음이 끊긴 이후에도 계속 나갔습니다.

한 달쯤 지났을까요?

한 남자가 공항 활주로에서 머리에 피를 흘리며 쓰러진 황새를 발견하고 곧바로 소각시켰다고 자수했습니다. 이 소식은 「요미우리신문」 보도를 통해 접했습니다.

오키노에라부 공항 측에 메일을 보내, 산황이의 소각 사실을 따져 물었습니다. 일본도 황새를 천연기념물, 그것도 특별 천연기념물로 보호하고 있기에 산황이의 소각은 불법에 해당합니다. 그러니까 '문화재보호법'에 의거, 불법 현상변경이 되는 것이죠. 이에 불법 소각한 공항 직원을 일본 가고시마 검찰청에 고발했습니다.

나는 정말 산황이가 죽지 않고 한 번도 가 보지 않은 섬에서 어떻게 적응해 가고 있는가를 알고 싶었습니다. 산황이가 죽지 않고 살아있다면,

아마 나는 산황이의 행적을 추적한 논문을 세계적인 조류학술지에 투고했을 것입니다.

고발 후 1년이 지났습니다. 관할 가고시마 검찰청은 불법 소각 처리한 범인을 수사도 하지 않고 불기소 통지서만 보내왔습니다. 이 통지서를 받고 자연과학자로서 자괴감이 들었습니다. 이런 문제는 통상 외무부나 문화재청 등 국가에서 나서 주어야 하는데 우리나라에서는 아무도 적극적이지 않았습니다.

'과연 내 나라가 주권국이 맞나?'

이런 생각까지 이르자, 너무 서러워서 엉엉 울고 말았습니다.

아직도 이 사건을 생각하면 많은 의심이 남습니다. 산황이가 불법 소각된 것이 아니라 총에 맞아 죽은 것으로 의심할 수 있는 대목이 공항 측으로부터 발송된 폐사 경위서에서 발견됐기 때문입니다. 공항 측에서 보낸 경위서엔 이런 글이 적혀 있었습니다.

'활주로에 있다가 착륙하는 여객기에 머리를 부딪쳐 피 흘려 쓰러져 있는 사체를 발견하고 즉각 소각장으로 보냈다.'

이뿐 만이 아닙니다. 그날 여객기 조종사가 착륙하면서 산황이를 목격했다는 기록도 보내 주었습니다. 그렇다면 여객기 어느 부위에 충돌 자국이나 흔적이 남아있을 것이 뻔하기에 그것을 사진으로 보내 달라고 요청했습니다. 그러나 보내 준 사진 속 여객기에는 아무런 충돌 흔적이 없었습니다. 공항 측의 해명이 이것으로 끝나자, 더 의심을 가질 수밖에 없었습니다.

산황이가 공항 활주로에 나타났을 때는 34시간 동안 아무것도 먹지 못해 기진맥진한 상태였을 것으로 추정합니다. 그날 산황이에게 벌어졌을 일을 예상해 보았습니다.

오키노에라부섬에는 논이 없고, 대부분 사탕수수를 재배하는 곳입니다. 그러니 산황이는 아무리 둘러봐도 먹이를 먹을 습지를 찾을 수 없었을 것입니다. 산황이가 발견한 곳이라고는 활주로 주변에 무성한 풀뿐이었을 것입니다. 그곳에서 풀벌레를 잡기 위해 서성거리자 어디선가 한 발의 총소리가 들려왔습니다. 놀라 풀쩍 날아보았지만, 그리 멀리 갈 수 없었을 것입니다. 이미 몸은 탈진 상태로 지칠 대로 지쳐있었기 때문입니다.

그때 아침 해가 밝았고, 여객기 동체의 바퀴가 활주로에 미끄러져 내려오기 직전, 두 번째 총알이 산황이의 머리를 관통하고 말았습니다. 쓰러진 황새를 발견한 공항 직원은 산황이를 심상치 않은 새로 여겼습니다. 등에 전파발신기가 부착되어 있는 것을 눈치챈 직원은 겁이 났겠지요. 관계 기관에 신고도 하지 않고 소각한 공항 직원이 '황새인 줄 몰랐다'며 딱 잡아뗀 진술서가 이를 증명합니다.

산황이를 통해 새로운 것을 알고 싶고, 선배 과학자들이 규명하지 못한 것을 밝혀내고 싶었습니다. 산황이의 죽음은 고난의 시간이었습니다. 이 고난은 성경을 통해 내게 이렇게 말하고 있습니다.

제자들의 마음을 굳게 하여 이 믿음에 머물러 있으라 권하고 또 우리가 하나님의 나라에 들어가려면 많은 환난을 겪어야 할 것이니라 (행 14:22).

사도 바울도 로마서 말씀을 통해 위로해 주었습니다.

성령께서도 우리의 약함을 도와주십니다. 우리는 어떻게 기도해야 할지도 알지 못하지만, 성령께서 친히 이루 다 말할 수 없는 탄식으로, 우리를 대신하여 간구하여 주십니다(롬 8:26, 새번역).

이 말씀들을 붙잡고 남은 황새들과 함께 이 순례길을 계속 걸으면서 마음을 다시 잡아 보려고 합니다.

구름, 황새 그리고 여객기 (2016)

07

아름다운 집

고난이 있다면 영적인 아름다움도 있습니다. 나는 독일의 아름다운 집에서 하나님으로부터 귀중한 선물을 받았습니다. 식사 때마다 주님의 생명을 직접 받아먹었습니다. 그것은 일용할 양식을 주심에 대한 감사를 뛰어넘는, 지금도 살아 계신 주님의 영원한 생명이 나와 함께하심을 깨닫는 순간이었습니다.

소설 속에서 *크리스천*도 영적인 아름다운 집에서 머물렀습니다. 그곳에서 그는 그동안의 순례길에서 만날 수 없었던 '분별', '경건', '자애'를 만났습니다. 그렇게 쉼을 얻고 영적인 무장을 한 *크리스천*이 머문 아름다운 집의 이야기를 들여다보겠습니다.

하룻밤을 묵기 위해 *크리스천*은 '아름다운 집'을 향한 여정을 서둘렀습니다. 아름다운 집에 도착한 *크리스천*은 문을 두드렸습니다.

"계신가요?"

문지기가 나와 크리스천을 맞이했고 둘의 대화가 이어졌습니다.

"어떤 일로 오셨는지요?"

"네, 여기서 하룻밤 묵어갈 수 있나요?"

"이곳 사람들은 당신을 지원하고 힘을 주기 위해 있습니다. 어서 들어오세요."

"오다가 두루마리를 잃어버리는 바람에 찾아서 오려다 보니 이렇게 늦은 밤에 도착했습니다."

"그럼, 이 댁의 아가씨를 불러드리겠습니다."

문지기와의 대화를 마치자 분별, 경건, 자애라는 세 처녀가 *크리스천*을 맞이해 주었습니다.

자애와 크리스천 (2020)

저녁 식사 전까지 세 처녀는 *크리스천*에게 질문하고, *크리스천*은 성실히 대답해 주며 시간을 보냈습니다.

"당신은 어떻게 집을 떠나 이 길을 오시게 됐나요?"

"제 주위 모든 것이 멸망할 거라는 엄청난 두려움이 일어났습니다. 전도자가 좁은 문에 대해 얘기해 줘서 제가 이 길을 오게 됐다는 게 그저 너무 감사할 뿐입니다. 아마 그가 아니었다면 저는 이 길을 찾지 못했을 겁니다."

"멸망의 도시가 생각나지는 않나요?"

"종종 생각납니다. 하지만 그렇기에 부끄러울 따름입니다. 세상의 생각들로부터 영영 자유로워지지 못하면 어쩌나 하고 두려울 뿐입니다. 저는 그저, 그런 세상 생각들이 저에게 수치심이고, 더 이상 즐거움이 아니라는 것에 감사할 따름입니다. 저의 즐거움은 이제 저에게 약속된 왕국을 바라보는 것이지요."

"부인은 없었나요? 왜 같이 오지 않았죠?"

"아내가 있었죠. 하지만, 그녀는 자신이 알고 있는 세상을 놓을 수가 없었어요. 아내는 세상의 것들이 자신을 행복하게 한다고 생각하고 있지요."

"아내를 데려오려고 최선의 노력을 했나요? 혹시, 당신의 동기를 오해하게 행동한 것은 아닌가요?"

"아니요. 저는 제 모든 말을 사랑으로 하도록 매우 조심했어요. 아내가 불만스러워한 것은 제가 죄를 짓지 않기 위해서 조심했기 때문이었어요. 우리가 원수까지도 사랑해야 한다는 것도요. 아내는 이런 것들을 바보스러워했습니다."

"당신의 사랑하는 마음을 싫어해서 아내가 돌아섰다면 어쩔 수 없군요."

*크리스천*은 이야기를 마치고 맛있는 저녁까지 대접받았습니다. 그리고 하룻밤을 평안히 쉬었습니다. 아침이 되자 모두 일어났습니다. 함께 모여서 좀 더 이야기를 나눈 뒤, 그들은 *크리스천*이 이 집에 보존되어 있는 여러 가지 진기한 물건을 구경한 뒤에 길을 떠나도록 배려해 주었습니다.

화형을 당해 순교하는 초대 교회 기독교인들(2022)

맨 먼저 그들은 *크리스천*을 서재로 인도했습니다. 그곳에서 그들은 아주 오랜 옛날의 일들을 기록해 놓은 책들을 *크리스천*에게 보여 주었습니다.

기록에는 '기드온, 바락, 삼손, 입다, 다윗, 사무엘, 예언자들'이 등장했습니다. 그들은 모두 믿음의 행위로 정의를 실천하고, 약속된 것을 받았습니다. 그들은 사자와 불과 칼의 공격을 막아 냈고 약점을 강점으로 바꾸었으며 전쟁에서 이겨 외국 군대를 물리쳤습니다.
여자들은 죽었다가 다시 살아난 사랑하는 이들을 맞아들이기도 했습니다. 고문을 당하면서도 더 나은 부활을 사모한 나머지, 굴복하고 풀려나가는 것을 거부한 이들도 있습니다.

어떤 이들은 학대와 채찍질을 기꺼이 받았고, 쇠사슬에 묶여 지하 굴에 갇히기도 했습니다. 돌에 맞고, 톱으로 켜서 두 동강이 나고, 살해되어 싸늘한 시체가 된 이들의 이야기도 있습니다. 짐승 가죽을 두르고 집과 친구도, 권력도 없이 세상을 떠돈 이들의 이야기도 있습니다. 세상은 그들을 받아들일 만한 곳이 되지 못했습니다! 그들은 이 혹독한 세상의 가장자리로 다니면서도, 최선을 다해 자기 길을 갔습니다(히 11:32-38).

그들은 *크리스천*을 병기 창고로 데리고 가서 순례자들을 무장시키기 위해 집주인께서 마련해 놓은 칼과 방패, 투구와 갑옷, 신 같은 무기를 구경시켜 주었습니다. 또 주님의 일꾼들이 놀라운 일들을 행하는 데 사용한 몇 가지 도구들을 보여 주었습니다.

기쁨의 산(2020)

예를 들면, 모세의 지팡이(출 17:9), 야엘이 시스라를 죽일 때 사용했던 말뚝과 방망이(삿 4:21), 기드온이 미디안 군대와 싸워 그들을 물리칠 때 사용했던 빈 항아리와 나팔과 횃불(삿 7:16-23), 또 주님께서 장차 심판하실 날에 죄인들을 멸하실 칼도 보여 주었습니다(렘 21:9).

다음 날 아침이었습니다. *크리스천*은 세 처녀의 안내를 받아 옥상으로 올라갔습니다. *크리스천*이 남쪽을 바라보았을 때, 저 멀리 한참 떨어진 곳에 매우 아름답고 보기 좋은 기쁨의 산들이 눈앞에 전개되었습니다. 울창한 산림, 포도밭, 모든 종류의 유실수가 있는 과수원들, 온갖 아름다운 꽃들, 끊임없이 솟아나는 샘물과 분수들…. 실로 표현하기 어려울 정도의 아름답고 멋진 절경이었습니다. 그 땅의 이름은 임마누엘의 땅, 바로 *크리스천*의 다음 여정이기도 했습니다.

드디어 *크리스천*은 하나님의 전신 갑주를 입고(엡 6:11) 순례길을 나섰습니다. *크리스천*의 몸에는 이미 진리의 허리띠, 의의 호심경, 평안의 복음이 준비한 신, 믿음의 방패, 구원의 투구, 성령의 검이 채워져 있었고, 그렇게 그는 기쁨의 산으로 향했습니다.

유학 시절, 아름다운 집

한평생 기억에 남는 아름다운 집이 있었다면 유학 시절에 머물던 독일이라는 집이었습니다. *크리스천*은 그 아름다운 집에서 3일을 유했지만,

나는 자그마치 6년이란 세월을 그곳에 머물렀습니다.
그곳에서 *크리스천*이 '분별, 경건, 그리고 자애'를 만났다면, 나는 베렌트 부인(C. Behrendt)과 친구 하이너(Heiner Doersam), 슈미트 (U.Schmidt) 교수를 만났습니다.

베렌트 부인은 내가 독일 교회에서 결혼식을 올릴 수 있도록 부모와 같이 돌봐 준 자애로운 분이었습니다.
친구 하이너는 우연히 독일 교회에서 만난 경건한 기독교 집안에서 자란 약학대학원 졸업을 앞둔 학생이었습니다. 하이너는 내게 독일어를 가르쳐 준 선생님이기도 했습니다. 그는 독일어 소통이 부족한 날 대신해 여러 대학의 교수들을 찾아다니며 만날 수 있도록 도와주었습니다.
슈미트 교수는 나의 지도교수였습니다. 그는 독일 정부로부터 장학금을 받아 편안히 연구에만 집중할 수 있게 나에게 도움을 준 분별 있는 분이었습니다.

이분들이 아니었으면 지금과 같이 한국에서 자연과학자 교수로 재직하고 크리스천 가정을 갖지 못했을 것입니다. 이들은 내게 그 어떤 대가도 바라지 않고 주 안에서 모두 헌신적이었습니다.

그렇게 나는 하나님의 은혜로 독일의 아름다운 집, 황새 마을에서 쉼을 얻었습니다. 유럽에는 독일 외에도 황새 마을이 꽤 많습니다. 그중 독일과 프랑스의 황새 마을을 주로 방문했습니다. 특히 프랑스 알자스 리보빌레 황새 마을은 세계에서 가장 아름다운 곳 중의 하나입니다.

프랑스 알자스 리보빌레 황새마을 (2010)

베렌트 부인, 친구 하이너, 슈미트 교수(2021)

마지막 저녁 식사(2022)

여기서 '아름다움'이란 사람들과 황새가 함께 어울려 살아가는 것을 의미합니다.

날개 길이가 무려 2미터나 되는 황새가 어떻게 사람과 어울려 살까요?

유럽의 황새는 대부분 사람이 지어 놓은 건축물 지붕 위에서 둥지를 틀고 살아갑니다. 방문객들은 지붕 위에서 번식하고 있는 황새를 올려다볼 수 있습니다. 황새들은 이런 방문객의 시선을 싫어하지 않는 눈치입니다. 창문을 통해 갓난아이를 안은 엄마가 젖을 먹이고 있는 모습을 볼 때면, '황새가 아이를 물어다 준다'는 표현이 생각납니다.

내가 주로 머문 곳은 독일 개신교(Evangelische Kirche)에서 운영하는 기숙사였습니다. 그 기숙사는 따로 지은 시설이 아니었습니다. 누군가가 평생 살았던 집을 개신교회에 기증한 건물입니다. 나처럼 돈이 없는 유학생에겐 더할 나위 없이 좋은 곳이었습니다.

매주 수요일 저녁에는 기숙사 사감 목사님의

인도하에 예배를 드렸습니다. 한국 교회 예배와는 참 다르다고 느꼈습니다. 독일 개신교에서는 예배 때마다 성찬식이 빠지지 않기 때문입니다. 처음에는 익숙하지 않았지만 적응하다 보니, 매주 하는 성찬식은 내게 있어 영적 무장을 하게 한 하나님의 귀한 선물이었습니다.

주님의 살과 피

사도 바울은 크리스천은 누구나 "그리스도의 식탁에 초대받은 손님"(롬 14:4, 메시지)이라고 합니다. 유진 피터슨은 '식사 자리에 앉을 때 배 속을 채우는 것이 아니라 예수의 생명을 나누는 것'이라며 크리스천의 삶의 태도를 조언했습니다(롬 14:21, 메시지).

예수님은 제자들에게 떡을 떼어 주시면서 "이것은 내 몸이다"(마 26:26)라고 하신 후 이어 잔을 건네면서 "나의 피 곧 언약의 피"(마 26:28)라고 하셨습니다. 그러면서 식사할 때마다 "이를 행하여 나를 기념하라"(눅 22:19)고 하셨습니다.

성경은 다음과 같이 예수의 생애를 증언합니다.

> 그는 근본 하나님의 본체시나 하나님과 동등됨을 취할 것으로 여기지 아니하시고 오히려 자기를 비워 종의 형체를 가지사 사람들과 같이 되셨고 사람의 모양으로 나타나사 자기를 낮추시고 죽기까지 복종하셨으니 곧 십자가에 죽으심이라(빌 2:6-8).

이러한 예수님의 생애는 성찬을 통해 구체화됩니다. 그러니까 떡과 잔은 단지 그분의 열망이나 원함의 징표가 아닙니다.

떡과 잔은 우리를 대신해 돌아가신 그분의 몸과 피입니다. 그러므로 우리는 성찬을 통해 우리에게 온전히 임재하시는 예수님을 만날 수 있습니다.

예수님은 지금도 우리들의 집에 오셔서 말씀하십니다.

"네 식탁은 내 제자들과 함께한, 그 옛날 먼 나라의 마지막 식사가 아니란다."

나는 식사 때마다 주님께서 임재하시는 성찬을 떠올립니다. 사도 바울도 다음과 같이 이를 증언했지요.

> 너희가 이 떡을 먹으며 이 잔을 마실 때마다 주의 죽으심을 그가 오실 때까지 전하는 것이니라(고전 11:26).

예수께서는 제자들과의 마지막 식사를 마치시고 십자가를 짊어지기 위해 가시면서 죄로 태어난 이 육신에 새 생명을 주겠다고 약속하셨습니다. 그분은 지금 죽음이라는 죄의 몸을 끝없고 다함 없는 생명의 삶 속으로 이끌고 계십니다.

예수 그리스도를 통해 쏟아부어지는 이 하나님의 선물은 우리에게 어떤 것을 가져다준 걸까요?

이에 대한 해답 역시 바울이 제시합니다.

> 죽음을 초래하는 그 죄와 넘치는 생명을 가져오는 이 선물은 서로 비교할 수 없습니다. 그 죄에 대한 평결로는 죽음의 선고가 내려졌지만, 뒤따른 다른 많은 죄들에 대한 평결로는 경이로운 새 생명으로 선고가 내려졌습니다(롬 5:17, 메시지).

성경은 '그리스도가 없는 삶은 평생 죄를 위해 애쓰고 있는 삶'이라고 우리에게 교훈합니다. 결국, 우리가 받게 될 연금은 죽음이 전부입니다. 그러나 하나님이 주시는 선물은 참된 삶, 영원한 삶입니다(롬 6:23).

이러한 사실을 믿는 나에겐 육신의 삶은 온데간데없고 주님의 값진 살과 피로 인한 영원한 생명의 삶이 채워져 있습니다. 이 고백과 함께 다음 순례의 여정을 나서고자 합니다.

08

아볼루온

사람으로 태어나면 대부분 온갖 풍파를 겪고 삽니다. 신앙인들도 예외가 아닙니다. 그것 때문에 신앙을 갖는 이들도 많습니다. 세상의 역경을 맞닥뜨리다가 신앙생활을 하는 목적은 아마 세상의 복을 받기 위함일지도 모릅니다. 이에 우리는 기복신앙이라는 용어를 자주 사용합니다. 그러나 주님은 우리를 너무 사랑하셔서, 아볼루온마저 허락하십니다. 아래에 소개할 어느 권사님의 사연이 그렇습니다. 황새와 함께하는 이 순례길에도 여지없이 아볼루온의 칼날은 나를 겨누고 말았습니다.

아름다운 집을 떠나온 *크리스천*은 큰 괴물과 마주했습니다. 그의 이름은 무저갱의 사자, '아볼루온'(Apollyon, 계 9:11)입니다. 두려움에 사로잡힌 *크리스천*은 돌아서서 도망쳐 버릴까, 아니면 맞서 볼까 망설였습니다. 그런 크리스천을 향해 아볼루온이 무섭게 소리쳤습니다.

"무서워 말게, 너는 멸망의 도시에서 온 자가 아니더냐? 너를 유심히 살펴보고 있었다. 나는 네가 떠나온 그곳의 왕이요, 주인이니라! 그리고 너는 나의 신하 중 한 명이었지. 대답하라! 너는 왜 너의 왕을 떠났느냐?"

이에 맞서 *크리스천*도 자신의 뜻을 정확히 전달합니다.

"네가 지배하는 나라에서 태어난 것은 사실이지만 너를 섬기는 일은 몹시 힘이 들었고 네가 주는 삯으로는 생명을 살 수가 없었다. 왜냐하면 '죄의 삯은 사망'(롬 6:23)이기 때문이다. 그래서 나도 성도가 된 뒤에 다른 분별력 있는 사람들이 그러하듯 나 자신을 바꾸어 보려고 여러 가지 방안을 찾고 있었다."

그렇게 이 둘의 대화는 길게 이어졌습니다.

"어느 왕이 자신의 백성을 쉽게 잃어버리겠느냐? 나도 너를 절대 잃어버리지 않겠다. 나랑 함께 돌아가자꾸나. 그러면 세상이 감당할 수 없는 엄청난 부를 너에게 주겠노라."

"웃기지 마라, 너는 항상 사람들을 그렇게 꼬드기지 않느냐?"

"너는 벌써 반역자이지 않느냐? 그리고 그의 길을 도대체 몇 번이나 떠났었는지 아느냐?"

"그렇다. 하지만 나의 하나님은 자비의 하나님이시고, 나를 용서하신 것을 안다."

"으악! 나는 하나님의 적이요, 하나님을 싫어하며 그의 백성을 증오한다!"

서슬 퍼런 아볼루온의 말에도 *크리스천*은 담대히 선포했습니다.

"이 파괴자여! 조심하라! 이곳은 하나님의 도로이니라!"

아볼루온도 물러서지 않고 *크리스천*을 흔들었습니다.

"너는 네 하나님을 쫓아 이 길을 간 사람들의 끝이 처참하다는 것을 모르느냐?"

이번에도 *크리스천*은 흔들림 없이 담대히 맞섭니다.

"이것은 내가 선택한 길이다. 지금 무슨 일이 일어나든 나는 너와 너의 세상이 없어지고 잊힌 뒤에도 하늘의 왕국에 있을 것이다!"

아볼루온(Apollyon, 2022)

아볼루온은 마침 좋은 기회다 싶어 *크리스천*에게 와락 달려들며 소리쳤습니다.

"그래, 그럼 지금부터 내 앞에 있는 너를 마음껏 가지고 놀아주마!"

거칠게 *크리스천*을 넘어뜨리는 바람에 *크리스천*의 손에서 검이 떨어져 나가고 말았습니다. 그러자 아볼루온은 거칠게 소리 지르며 *크리스천*을 마구 내리눌렀습니다.

"자, 이제 꼼짝 말아라!"

*크리스천*은 거의 죽을 지경에 이르렀지만, 그 순간 하나님께서 도와주셔서 손을 뻗어 다음과 같이 외치며 온 힘을 다해 마귀를 칼로 찔렀습니다.

> 나의 대적이여 나로 말미암아 기뻐하지 말지어다 나는 엎드러질지라도 일어날 것이요(미 7:8).

권사님 딸의 죽음

잘 믿는 성도들이 이런 마귀의 시험에서 승리하기란 그리 쉬운 일이 아니라는 것을 잘 알고 있습니다. 출석하는 교회에는 신실한 권사님 한 분

의인, 욥(2022)

이 계셨습니다. 그 권사님께는 딸이 한 명 있었습니다. 그녀도 예수님을 잘 믿었고 성가대 대원으로 봉사하며 열심히 주님만 섬겼습니다. 그러던 어느 날, 갑자기 삼풍백화점 붕괴 사고로 주님 곁으로 떠나고 말았습니다. 그 권사님은 모든 것을 잃어버린 듯, 정신이 나가고 말았습니다. 지금까지 믿었던 하나님의 존재함을 의심하면서 한때 교회를 떠났습니다.

크리스천으로 이런 큰 시련이 다가올 때, 구약의 욥기를 떠올립니다. 욥은 하나님을 경외하고 정직하며 흠이 없는 사람이었습니다. 그런 욥에게 시련이 찾아왔습니다. 그는 기르던 가축과 전 재산을 잃고, 그의 몸은 온통 악창으로 시달려야만 했습니다. 사랑하는 자녀들마저 집이 무너져 모두 죽고 말았습니다.

"지금까지 나는 하나님을 열심히 믿고 살았는데 내게 왜 이런 시련을 주십니까?"

권사님도 이런 절규를 하셨을 테죠. 하나님은 철저히 침묵으로 일관하시다가 결국 욥에게 이렇게 답변하십니다.

> 네가 누구이기에 무지하고 헛된 말로 내 지혜를 의심하느냐? 이제 허리를 동이고 대장부답게 일어서서, 내 묻는 말에 대답해 보아라. 내가 땅의 기초를 놓을 때에, 네가 거기에 있기라도 하였느냐? 네가 그처럼 많이 알면, 내 물음에 대답해 보아라. 누가 이 땅을 설계하였는지, 너는 아느냐? 누가 그 위에 측량줄을 띄웠는지 너는 아느냐?

> (…) 바닷물이 땅속 모태에서 터져 나올 때에, 누가 문을 닫아 바다를 가두었느냐? 구름으로 바다를 덮고, 흑암으로 바다를 감싼 것은, 바로 나다. 바다가 넘지 못하게 금을 그어 놓고, 바다를 가두고 문빗장을 지른 것도, 바로 나다(욥 38:2-10, 새번역).

이 말씀은 우리가 누리는 육신과 재산은 철저히 하나님의 주권하에 있음을 보여 주는 대목입니다. 크리스천으로 살아가면서 나 역시 권사님과 같은 상황에 처할 수 있다고 생각합니다. 다만 아볼루온의 싸움에서 잠시 비켜 갔을 뿐, 아볼루온은 언제든 맞닥뜨릴 수 있는 상대입니다. 지금 천국에 간다면 하나님께 꼭 물어보고 싶은 게 있습니다.

"하나님, 왜 권사님의 딸을 데려가셨나요?"

이 질문 앞에 서자, 고린도전서의 말씀이 떠오릅니다.

> 지금은 거울로 보는 것 같이 희미하나 그때에는 얼굴과 얼굴을 대하여 볼 것이요 지금은 내가 부분적으로 아나 그때에는 주께서 나를 아신 것 같이 내가 온전히 알리라(고전 13:12).

산상수훈

마태복음 5장에는 예수님이 산에 오르신 후 여덟 가지 복에 대해 말씀하시는 장면이 등장합니다.

> 가장 소중한 것을 잃었다고 느끼는 너희는 복이 있다. 그때에야 너희는 가장 소중한 분의 품에 안길 수 있다(마 5:4, 메시지).

예수께서는 세상의 선생으로 오지 않으셨습니다. 그분은 하나님으로 오셔서 이 말씀을 우리에게 일러주고 계십니다. 가장 소중한 것을 잃어버린 그 권사님은 분명 가장 소중한 분의 품에 안길 것을 소망하며 사셨을 것입니다.

『메시지』의 저자 유진 피터슨 목사는 그의 설교에서 산상수훈의 팔복을 다음과 같이 현대를 사는 크리스천들에게 좀 더 알아듣기 쉽게 설명하고 있습니다.

> 1. 마음이 가난한 사람은 하나님의 영으로 채워지기 위해서 우리의 교만을 버리길 원하십니다.
> 2. 애통하는 사람은 다른 사람의 고통을 피하기보다 나누고 함께하길 바라고 계십니다.
> 3. 온유한 사람은 우리의 열정을 연마해 부드러움을 발휘해야 한다고 하십니다.
> 4. 의를 위해 주리고 목마른 사람은 소비사회의 욕구를 거부하고 하나님은 물론 다른 사람들과 깊은 인격적 관계를 개발하라고 하십니다.
> 5. 자비로운 사람은 정죄하고 탓하는 것으로 이 세상의 잘못과 문제들에 반응하지 않고 대신에 우리 자신이 직접 연민 어린 섬김을 실행하길 원하십니다.
> 6. 마음이 순전한 사람은 사소한 잡담에 빠져들지 않고 하나님께 중심을 두는 사람이 되라고 하십니다.

산상수훈의 말씀을 듣고 있는 초대 교인들(2023)

7. 평화를 이루는 사람은 어떠한 위치에 있든지, 그가 누구든지 우리가 이겨야 하는 라이벌이 아니라 온전하게 사랑해야 하는 형제와 자매로 바라보는 것을 결심하길 원합니다.

8. 의를 위해서 박해받는 사람은 대다수의 사람이 하는 일이 무엇이건 거기에 따르는 안일함을 거부하고 대신에 사랑과 은혜를 필요로 하는 어려운 진리를 살아내는 좁은 길을 걷길 바랍니다.

세상에 속한 사람들은 보통 부자로 살면 복이 있다고 합니다. 또 병 없이 오래 살면 복이 있다고 합니다. 그렇지만 주님은 세상의 복을 말씀하지 않으십니다. 예수님은 하나님이 다스리는 세계, 곧 하나님 나라에서 사는 것이 어떤 것인지 다음의 것을 우리에게 가르쳐 주십니다.

죄와 죄책에 대한 반사작용으로 살지 않도록, 우리보다 더 강한 사람들이 시키는 대로 살지 않도록, 아무거나 닥치는 대로 살면서 절박하게 살지 않도록, 냉소주의와 악의 속에서 생존을 위해서 살지 않도록, 그리고 자기 자아를 주인으로 모시면서 이기적으로 살지 않도록 가르치십니다. 즉, 우리가 하나님 나라에 내재하는 실제에 따라 살며 믿음과 사랑으로 살도록 훈련시키고 계십니다.

2,000년 전, 예수님을 따랐던 사람들이 다음의 말씀을 매일 암송하며 믿음을 지켜왔던 것처럼, 나 역시 이 순례길에서 예수님이 들려주신 팔복을 암송하며 묵상하길 원합니다.

마음이 가난한 사람은 복이 있다. 하늘나라가 그들의 것이다.

애통하는 사람은 복이 있다. 하나님이 그들을 위로하실 것이다.

온유한 사람은 복이 있다. 그들이 땅을 차지할 것이다.

의에 주리고 목마른 사람은 복이 있다. 그들이 배부를 것이다.

자비한 사람은 복이 있다. 하나님이 그들을 자비롭게 대하실 것이다.

마음이 깨끗한 사람은 복이 있다. 그들이 하나님을 볼 것이다.

평화를 이루는 사람은 복이 있다. 하나님이 그들을 자기의 자녀라고 부르실 것이다.

의를 위하여 박해를 받은 사람은 복이 있다. 하늘나라가 그들의 것이다.

(마 5:3-10, 새번역).

황새와 대통령

그 어렵다던 황새 복원은 7년 만에 전성기를 맞았습니다. 세계에서 4번째로 인공 번식에도 성공했습니다. 그 후 황새의 수는 늘어 갔습니다. 드디어 우리 자연에 복귀시킬 개체군 1백 마리 확보에 이르렀습니다. 끝내 우리나라도 자연 복귀 시점이 다가왔습니다. 이것은 1971년 충북 음성에서 마지막 황새가 사라진 뒤, 거의 50년 만에 이루어진 셈입니다.

그때는 바로 이웃 나라 일본은 이미 황새 복귀식에 왕세자 부부가 참석해 첫 황새를 자연에 복귀시켰습니다. 또 미국은 멸종 위기종인 미국 흰머리독수리 복구를 진행할 것을 클린턴 대통령이 직접 나서서 대국민 선포하기도 했습니다.

'우리나라도 대통령이 멸종 44년 만에 이루어지는 황새 자연 복귀식에 올 수 있을까?'

당시 나의 모든 관심은 이 하나에 집중되어 있었습니다. 이런 간절한 소망에 응답이라도 한 듯 한 통의 반가운 전화가 걸려 왔습니다. 국내에서 조류학을 전공하는 한 교수님께서 청와대에 초청을 받아, '한국의 새'에 대한 강연을 한다고 알려 왔습니다.

그는 평소 대통령 비서실장과도 개인적 친분을 쌓아 온 분이라서 이런 기회가 쉽게 오지 않는다고 판단했습니다. 나는 그 교수님께 그 강연에 우리나라도 황새의 야생 복귀가 임박했다는 내용을 포함시켜 주길 부탁했습니다. 또한, 대통령께 내가 쓴 초청장을 직접 전달해 줄 것도 부탁드렸습니다. 그런데 그 강연장에 대통령이 나타나지 않았습니다. 평소 같으면 대통령이 맨 앞줄에 앉아 강의를 경청했을 터인데, 그 시간에 대통령은 관저에 머물러 계셨습니다. 당시 대통령은 정윤회라는 소위 문고리 3인방 때문에 골치 아파하고 계셨습니다. 결국, 그 교수님은 내가 건넨 초청장은 비서실장에게만 전달하고 청와대를 나올 수밖에 없었습니다.

한참 기대에 부풀었던 일이 이렇게 꼬이다니, 그때는 세상을 모두 잃은 사람처럼 상실감에 빠지고 말았습니다. 그렇게 어렵다던 황새의 인공 번식도 겨우 10년 만에 성공시켰는데…. 이 프로젝트가 어떻게 전개될지 미궁 속으로 빠져드는 순간, 존 번연의 전개 방식에 대해 생각하게 되었습니다.

'왜 이 시점에 아볼루온을 등장시켰지?'

생각하고 또 생각했습니다. 사실 대통령께서 황새 야생 복귀식에 참석하셨으면, 지금까지 사적으로 운영하던 사단법인 한국황새복원연구센터를 공공법인 황새재단으로의 변경을 요청하려고 했습니다. 이제 와 생각하면, 그 일이 성사되었다면 지금의 나는 자만에 빠진 자가 됐을지도 모르겠습니다.

'나는 지금까지 이 일을 하나님의 영광을 위해 하고 있는가?'

자문해 보았습니다. 결국, 아볼루온에 의해 부상을 입고 다리를 절뚝거리며 다시 하나님 앞에 섰습니다. 그러자 한 구절의 말씀이 제 영혼을 두드렸습니다.

> 여러 계시를 받은 것이 지극히 크므로 너무 자만하지 않게 하시려고 내 육체에 가시 곧 사탄의 사자를 주셨으니 이는 나를 쳐서 너무 자만하지 않게 하려 하심이라 (고후 12:7).

하나님과 말씀 앞에서 세상에 내 힘으로 되는 게 하나도 없음을 고백합니다. 황새 연구를 내 영광을 위해 하고 있음을 깨닫는 순간, 황새들마저 내려놓기로 작정했습니다.

여인과 눈동자 (2015)

09

사망의 음침한 골짜기

'내가 걷고 있는 순례길이 과연 바른길인가?'

"사망의 음침한 골짜기"(시 23:4)를 걷고 있을 때, 우리는 이런 질문과 함께 두려움, 의심, 공포를 느끼게 됩니다. 하나님을 신뢰하면서도 성적인 유혹에 빠질 때가 있었고, 평소 믿었던 사람에게 배신감을 느낄 때도 있었습니다. 그러나 그 길이 나 혼자만 걷는 길은 아닐 것입니다. 이에 저 시온성에 이를 때까지 하나님께서 함께하신다는 확실한 믿음으로 나가려 합니다.

크리스천이 '사망의 음침한 골짜기'로 들어섰을 때, 장님들의 소리가 들려왔습니다.

"이쪽이야~ 이쪽으로 와 ~ 나는 네가 어디 가는지 알고 있어 이쪽~."

"으악!"

음침한 골짜기 안에서도 사람을 미혹하는 귀신들의 소리가 들렸습니다.

"넌 도대체 어딜 간다고 생각하는 거니?"

"넌 지금, 네가 뭘 하는지 알아?"

"하나님은 널 알지도 못하는데?"

"하나님은 네가 지금 여기 있다는 것도 몰라!"

"여기로 계속 가면 죽어!"

"넌 거기서 떨어질 거야!"

"너 돌아가고 싶지 않니? 도망가고 싶지?"

"넌, 죽게 될 거야!"

크리스천은 마음속으로 되새겼습니다.

사망의 음침한 골짜기(2022)

'아니야, 이것은 나의 마음의 소리가 아니야.'
'하나님! 저와 함께해 주세요! 힘을 주세요!'

앞서간 사람의 목소리가 들렸습니다.

"내가 사망의 음침한 골짜기로 다닐지라도 해를 두려워하지 않을 것은 하나님께서 나와 함께하시기 때문이다"(시 23:4).

*크리스천*은 이 소리를 듣고 마침내 사망의 음침한 골짜기의 공포가 사라졌습니다. 그리고 저 멀리 지나가는 한 사람을 발견했습니다. 걸음을 빨리해 그에게 말을 건넸습니다. 그 사람은 *크리스천*과 같은 동네에서 온 '신실'이었습니다. *크리스천*은 기쁘게 그에게 인사했습니다.

"존경하는 형제 신실 씨, 제가 당신을 따라잡아 만나게 된 것이 몹시 기쁩니다. 하나님께서 우리의 마음을 녹여 주시어 이렇게 함께 여행할 수 있도록 도와주신 것을 감사드립니다."

신실은 기다렸다는 듯이 대답했습니다.

"경애하는 친구여, 사실 우리가 살던 도시를 떠나올 때부터 당신과 함께 가려고 생각했는데, 당신이 그만 먼저 떠나는 바람에 할 수 없이 저도 이렇게 먼 길을 혼자 떠나오게 되었습니다."

*크리스천*은 그간의 여정을 신실에게 토로했습니다.

"나는 오는 도중에 낙심의 늪에 빠져 무척 힘들었습니다."

그러자 신실도 기다렸다는 듯이 말을 이었고, 둘의 대화는 계속되었습니다.

"다행히 나는 거기에 빠지지 않고 무사히 좁은 문까지 올 수 있었습니다. 단지 도중에 '음탕'이라는 못된 여자를 만나 하마터면 큰일 날 뻔했습니다. 그녀는 날 자기 방으로 유혹했습니다. 그리고 온갖 쾌락과 향락을 주겠다고 날 끈질기게 유혹했습니다."

"설마 당신이 그 여자의 욕망을 만족시켜 주진 않았을 텐데요."

"물론, 몸을 더럽히지는 않았지요. 마침 전에 읽은 책의 한 구절이 생각나더군요. '그 여자의 발걸음은 스올로 치닫는다'(잠 5:5, 새번역). 그래서 그녀의 현란한 외모에 유혹되지 않으려고 눈을 감아버렸습니다. 그랬더니 그녀는 온갖 욕을 퍼부으며 물러갔고 저는 제 갈 길을 계속 갔습니다."

음탕녀

이것은 신실만의 경험은 아닙니다. 나 역시 성욕에 이끌려 행동했던 기억이 납니다. 대학교에 다니던 시절이었습니다. 그때는 평생 살아오면서 성욕이 매우 왕성했을 때였습니다.

친구들과 어울려 소위 공창이 있는 엘로우 하우스에 간 적이 있습니다. 그곳은 남자가 원하는 여자를 선택해 침실로 안내받아 그 여성과 잠을 자는 곳이었습니다. 그러나 음탕녀를 옆에 두고 밤새 한숨도 잘 수 없었습니다.

보디발의 아내가 계속해서 보내는 유혹을 뿌리치고 그녀의 방에서 빠져나왔던 요셉의 이야기가 생각났습니다(창 39:9-12). 이에 통금이 해제되는 새벽 4시가 되어 혼자 그곳을 빠져나왔습니다. 크리스천이 성을 돈을 주고 산다는 것은 십계명의 일곱 번째 계명인 "간음하지 말라"(출 20:14)라는 하나님의 명령을 어기는 처사라고 생각했습니다.

성경은 '음욕을 품는 것만으로 간음'이라고 합니다(마 5:28). 그 후 공창에 이끌려 간 것, 그리고 음욕을 품었던 것을 하나님께 깊이 회개했습니다. 그리고 다시는 그런 정욕에 이끌려 살지 않기로 작정했습니다.

음탕녀(2014)

황새와 걷던 사망의 음침한 골짜기

순례길에 원하지 않았던 "사망의 음침한 골짜기"(시 23:4)가 기다리고 있는 줄 몰랐습니다. 정년 퇴임을 막 하고 난 후 예산군 읍내에 방을 하나 잡았습니다. 퇴직금을 헐어 방세를 냈습니다. 집은 서울에 있었기에 주말에만 서울에 갔다가 월요일에 다시 신길역에서 천안행 전철을 타고 통근을 했습니다. 물론 천안에서 예산까지는 기차로 다녔습니다. 지하철로 이동하는 신길역에서 천안까지는 노인 무료 승차가 가능해서 다니기에 수월했습니다. 반면, 천안에서 예산까지는 국가 철도라서 따로 교통비가 들었지만 어쩔 수 없었습니다. 그렇게 2년 동안 눈이 오나 비가 오나 빠지지 않고 서울과 예산을 오가는 여정을 반복했습니다.

얻어 놓은 방에서 특별히 할 일이라고는 없었습니다. 하루 종일 한지 위에 수채화 그림을 그리는 게 일과의 전부였습니다. 외출이라고는 꼭 황새 복원을 시키고 싶었던 마을을 찾는 것뿐이었습니다. 그곳은 황새지킴이로 있는 김중철 어르신이 계신 동네로 예산군 대술면 궐곡리였습니다.

얼마 전까지만 해도 교원대 황새생태연구원장직을 수행했습니다. 연구원장은 충남 예산황새공원의 황새 복원 연구 책임을 맡고 있었습니다. 교원대 퇴임 직전 황새생태연구원 특별 연구원직을 총장에게 요청 공문으로 올려놓고, 수당이 나오면 월세를 낼 요량으로 방을 잡았습니다. 그러나 총장은 후임 연구원장의 말만 듣고 나의 특별 연구원직을 수락하지 않았습니다.

그날부터 증식시켜 왔던 황새들과의 모든 인연을 끊어야 했습니다. 퇴직 이후 황새 복원에 관련한 할 일이 더 많았는데, 하나님께서는 더 이상 그 일을 허락하지 않으셨습니다. 하나님께 날마다 기도하는 것 외에는 황새들과 황새가 살고 있는 마을 주민들을 위해 할 수 있는 일은 아무것도 없었습니다.

기도로 "사망의 음침한 꼴짜기"를 통과하길 바라면서 이대로 순례길을 멈추면 안 된다고 생각하며 걷고 또 걸었습니다.

수다쟁이

신실이와 이야기를 나누다 보니 길옆으로 '수다쟁이'가 걷고 있었습니다. 신실이가 먼저 수다쟁이에게 말을 건넸고 그들의 대화가 시작됐습니다.

"친구여, 어디로 가십니까? 혹시 천국으로 가는 길입니까?"

"예, 그리로 가는 길입니다. 당신들이 원하시면 기꺼이 동행해 주겠습니다."

"그렇다면 함께 걸어가면서 유익한 이야기로 시간을 보냅시다."

기도하는 사람(2018)

"나는 좋고 올바른 것에 대해서 말하는 것을 좋아하거든요. 종교나 성경이나 하나님에 관해 얘기하는 것을 참 좋아하죠."

"이런 것에 대해 얘기하는 것은 참으로 뜻깊은 일입니다."

"내가 한 말이 바로 그겁니다."

이때 *크리스천*이 신실에게 귓속말로 무언가 얘기했습니다. 그러자 크리스천을 대신하여 신실은 다시 수다쟁이한테 물었습니다.

"수다쟁이 씨! 혹시 하나님의 은혜가 수다쟁이 씨의 인생을 어떻게 바꾸게 되었는지요?"

"첫째, 그것은 나로 하여금, 죄에 대해서 나쁘다고 말하게 해 주었습니다."

"은혜는 죄를 경멸하고 싫어하게 만드는 것이 아닐까요?"

"내가 한 말이 바로 그겁니다. 나는 죄가 나쁘다고 항상 울부짖습니다. 흠, 아무나 강대상에서 죄가 나쁘다고 소리칠 수 있지요. 그리고 기쁘게 그 죄를 집에 가지고 가서 살 수도 있고…. 나는 또한, 종교와 성경에 대한 막대한 지식도 있습니다."

신실은 가식적 종교관을 가지고 있는 수다쟁이에게 다음과 같이 따끔한 충고를 했습니다.

"사람은 성경에 관한 모든 것을 다 알고도 믿지 않을 수 있지요. 하인이 주인의 뜻을 알고 있어도 순종하지 않을 수 있는 것처럼 말이죠. 세상의 모든 지식을 가지고 있어도 지혜는 없을 수 있습니다. 지혜는 바로 하나님의 선물이니까요."

그러자 수다쟁이는 말문이 막혔는지 버럭 화를 내고 사라졌습니다.

"흥, 이 양반들이! 꼬투리를 잡으려고 아주 작정하셨군. 당신들과 나는 생각이 다르니, 그냥 내 갈 길로 가리다."

*크리스천*과 신실은 수다쟁이가 죄를 소리 높여 비난하면서도 내심 거부감 없이 받아들이는 사람이라고 생각하게 됐습니다. 마음에서 은혜의 역사가 일어나면 명백한 증거가 나타나는데, 수다쟁이는 매끄럽게 이야기할 줄은 알았지만 심령에 역사하시는 구원의 은혜를 체험해 본 적이 없는 사람이었습니다.

이 순례길에서 사람을 잘 만나는 것도 하나님의 축복이라고 생각합니다. 그러나 가끔 그렇지 않은 경우가 생겨 "사망의 음침한 골짜기"로 빠져들 때가 있습니다. *크리스천*이 신실을 만난 것은 축복이었지만, 내가 수다쟁이를 만난 것은 크나큰 화였으니까요.

신실, 크리스천 그리고 수다쟁이(2022)

황새를 팔아넘긴 수다쟁이

황새 복원 일을 마무리 짓지 못하고 정년을 맞았습니다. 후임자를 길러 내고자 각고의 노력을 했지만, 뜻대로 되지 않았습니다. 후임자로 양성한 사람을 대학은 선택해 주지 않았습니다. 그나마 후임자라고 믿고 맡겼던 사람은 환경 전공과 관련한 어느 여교수였습니다. 그녀는 내가 20년 동안 일궈 놓은 황새 복원 사업을 하루아침에 모두 자신의 사업으로 둔갑시켰습니다. 그도 크리스천이라고 알고 있었는데 황새 복원 일에는 철저히 수다쟁이가 돼버렸습니다.

교원대에 재직 중일 때 제정한 '황새임치규정'이 있었습니다. 이 규정에는 내가 증식시킨 황새들의 소유권이 학교 총장에게 있다고 명시되어 있었습니다. 황새생태연구원 후임의 임무를 맡은 수다쟁이는 그 소유권을 우리나라 천연기념물을 담당하는 문화재청에 팔아 교원대 캠퍼스에 '황새생태연구원' 건물을 세웠습니다. 물론 표면적으로는 돈을 받고 판 것은 아니지만, 교원대 총장이 황새의 소유권을 주장하지 않는다는 조건으로 밀실 행정이 이루어졌던 모양입니다. 그렇게 우리나라 황새 복원은 더 이상 자연과학자의 연구 사업이 아닌 행정가와 명예욕에 사로잡힌 수다쟁이의 손에 넘어가고 말았습니다.

그 후 수다쟁이는 문화재청으로부터 우리나라 황새 복원을 성공시켰다는 공로로 대통령상과 환경부로부터 환경대상도 받아냈습니다. 어찌 보면 그 수다쟁이는 밖으로는 꽤 괜찮게 보였지만 내실은 없는, 황새를 이용해 자신의 명예욕만 과시하고 다닌 사람이었습니다.

어느 조류학자의 말이 생각납니다.

"황새 복원의 성공은 신만이 할 수 있는 것입니다."

이 말이 맞다면, 황새 복원은 창조 세계의 주권자인 하나님께 영광을 돌려드리는 사업입니다. 굳이 황새 복원이 성공해, 상을 받는다면 그것은 오롯이 주민들의 몫이기 때문입니다. 왜 주민들의 몫일까요?

황새들은 주민들이 살아가는 곳에서 살아가는 새입니다. 주민들이 황새들을 위해 농약을 뿌리지 않는 노력이 필요합니다. 또한, 주민들이 생물들이 풍부한 논 환경을 만들어 주지 않으면 황새들은 살아갈 수가 없기 때문입니다. 이런 이유로, 우리나라에서 황새 복원 성공은 가까운 시일 내로 일어날 것 같지 않습니다.

50년, 100년이 지난다면 기대해 봄직할까요?

그러니 수다쟁이는 우리나라에서 황새 복원의 성공을 마치 자신이 이룩한 것처럼 포장해 건물도 짓고 상까지 받아낸 것이지요. 이런 과정을 거치며 자연과학자로 하루아침에 정신적으로 충격에 빠진 멘붕 상태가 찾아왔습니다. 능동적으로 내가 할 수 있는 게 아무것도 없었기 때문입니다.

가롯 유다의 입맞춤(2021)

가롯 유다는 예수님을 관원들에게 넘겨주는 대가로 은화 30냥을 받았습니다. 예수님도 이 사실을 이미 아셨습니다. 예수님은 가롯 유다의 입맞춤 직후부터 무저항으로 일관하셨습니다.

수년간 가르치고 전하고 병도 고치며 무엇이든 원하던 대로 행하셨던 그분이 이제 원수의 손에 완전히 몸을 맡기셨습니다. 결과적으로 볼 때, 그런 유다는 하나님 역사의 도구였을 뿐입니다. 오늘, 그 유다가 나와 무관하지 않다는 고백을 합니다. 이것을 깨닫는 것이 더 중요합니다.

다른 모든 이와 마찬가지로 나의 삶 역시 대부분의 일은 외부에서 내게 가해지는 일입니다. 즉, 나 스스로가 어찌할 수 없는 수동에 의해 결정됩니다. 주체적 행동에 의해 결정되는 부분은 삶에 있어 극히 일부에 지나지 않습니다. 그동안 모든 것이 자신으로부터 시작되는 행동이기를 바라는 성향으로 살았습니다. 남이 나를 배신했을 때 미워하는 마음도 있었습니다. 그러나 주님은 그것마저 내려놓기를 원하십니다.

내 삶의 훨씬 많은 부분이 능동이 아니라 수동이라는 사실을 깨닫습니다. 그리고 오로지 주님께만 집중하는 삶, 그런 삶으로 이끌리는 순례길이 더 필요한 순간임을 고백합니다.

10

허영의 시장

현재 우리는 물질만능과 과소비 시대에 살고 있슈니다. 이런 시대에 믿음을 지킨다는 것은 참으로 어렵습니다. 그렇지만 '신실'이 있었습니다. '허영의 시장'에서 예수가 사마리아 여인을 만나 준 것처럼 내 누나에게도 영원한 생명을 주셨고 하나님이 기뻐하는 자녀로 삼아 주셨습니다.

광야를 벗어난 *크리스천*과 신실은 허영의 시장에 다다랐습니다. 이 허영의 시장은 천국으로 가려면 반드시 통과해야 하는 곳이었습니다. 천국을 향하여 가는 사람이 이 거리를 거치지 않으면 세상 밖으로 나가는 수밖에 없었기 때문입니다.

약 5천 년 전에도 지금처럼 정직하고 경건한 순례자들이 있었습니다. 순례자들이 이 허영의 도시를 반드시 통과해야 한다는 것을 알아챈 바알세불과 아볼루온은 그들의 동료들과 함께 음모를 꾸며 허영의 도시 안에 온갖 종류의 허영을 사고파는 시장을 세워 놓고 있었습니다.

이 시장에서는 세상의 온갖 종류의 것들을 팔고 있었습니다. 집, 토지, 명당, 무역 물자들, 직위, 명예, 국가, 왕국, 욕정, 향락 등을 팔았습니다. 또 쾌락을 위해서 매춘부, 아내, 남편, 아이들, 주인, 하인, 생명, 피, 육체, 영혼, 은, 금, 진주 등 각종 보석도 있었습니다. 게다가 이 시장에서는 무당, 사기꾼, 도박꾼, 불량배 등 온갖 종류의 쾌락과 악에 젖은 사람들이 어슬렁거리고 있었습니다.

심지어 2천 년 전, 예수님도 이 거리를 지나다가 바알세불의 유혹을 받기도 했습니다. 만일 예수께서 바알세불에 복종했더라면 사람들은 그를 허영 거리의 주인으로 삼았을 것입니다.

*크리스천*과 신실이 허영의 시장에 들어서자 여기저기서 소리가 들렸습니다.

"물건이요, 물건! 물건을 사세요!"

"물건을 모으고 가꾸세요! 새로운 인생을 시작하세요!"

시장 상인과 논쟁하는 신실(2022)

"물건을 반짝반짝 빛나게 잘 가꾸면, 모든 사람이 당신의 물건을 원할 겁니다. 그러면 당신이 중요한 사람이 되는 거죠."

"유명해지세요! 모든 사람이 당신처럼 되고 싶어 할 겁니다."

"모든 사람보다 더 아름다워지고 싶지 않나요? 제가 그렇게 만들어 드릴게요. 더 이뻐지면, 더 좋은 사람이 된답니다."

한 상인이 그들에게 다가와 물었습니다.

"도대체 당신들은 무슨 물건을 찾고 있으십니까?"

신실은 이렇게 대답했습니다.

"우리는 진리를 찾고 있습니다."

이것을 목격한 상인은 두 순례자를 수상히 여기고 시장 주인에게 신고했습니다. 시장 주인에게 붙잡힌 *크리스천*과 신실은 시장 질서를 어지럽힌 죄로 법정에 세워졌습니다.

재판장은 다음과 같이 이들의 죄목과 판결을 선포했습니다.

허영의 법정(2015)

"나는 '선을 미워하는' 재판관이다. 당신들은 몇 가지 죄목으로 고발당했다. 큰 논란을 일으킨 것도 모자라, 몇몇 사람에게 자신의 위험한 생각을 물들게 했더군. 물론 우리는 그런 것을 용납할 수 없다. 인정하기는 싫겠지만, 허영의 시장 사람들은 쉽게 이곳을 떠날 수 있다. 만약 뭔가 더 좋은 게 있다고 생각하게 된다면 말이다. 당신들은 시장에 참여하지 않았기에 범죄자가 된다. 더 나아가서, 당신들의 위험한 생각들은 다른 사람마저 시장을 떠나게 선동할 수 있다. 그러기에 당신들은 우리의 적이다. 이에 선고한다. 지하 감옥에 가둬 우리의 시장 질서에 참여하기로 마음을 바꿀 때까지 두들겨 때려라!"

재판관의 선고가 마치자 법정 안에서 수군거리는 소리가 들렸습니다.

"저 두 명이 어제 시장을 지났는데, 진짜 아무것도 안 샀대…."

"영예, 영광, 돈, 땅, 왕관, 보석! 이 모든 것들을 기꺼이 주겠다고 해도, 이 모든 게 아무것도 아닌 것처럼 그냥 지나갔대…."

"다른 사람들이 그들의 그런 모습을 보고는 우리 물건들의 가치를 다시 생각할 수도 있다고 하더라고."

"저들 때문에 시장에 엄청난 논란이 일어났었잖아!"

법정 밖도 매우 시끄러웠습니다.

"도대체 뭘 잘못했기에 지하 감옥에 넣었는데?"

"시장 질서에 평화를 깼잖아! 시장에 혼란을 가져왔고!"

"어떻게? 그들은 그냥 지나가는 것뿐이었어, 아무에게도 나쁘게 말하지 않았건만…."

"그게 요점이 아니잖아! 그들의 잘못된 사상이 사람들을 이상한 길로 이끌잖아!"

"난, 이해가 안 돼. 사람들이 시장을 떠나서 저들을 따라가고 싶다면, 마땅히 그럴 수 있어야 해!"

"야, 난 너랑 더 이상 대화 못하겠다."

"시장 안이 아주 엉망진창이 됐어! 시장의 혼란을 잠재우려면 우리가 무슨 조치를 내려야 해!"

이런 여론에 의해 다시 재판이 열렸고 재판장이 엄포를 놓았습니다.

"그들 중 한 명을 데리고 와, 본보기로 삼아라! 즉각 참수형에 처한다. 그래도 계속 혼란스러우면 나머지 한 명도 본보기로 세울 것이다."

순교한 신실 그리고 크리스천과 소망(2019)

이로써 눈이 내리던 추운 겨울날, 신실은 산비탈 길 나무에 매달려 참혹한 죽음을 맞이해야 했습니다.

법정에 세운 황새

이 나라는 황새를 대신해 날 법정에 세웠습니다. 죄목은 '국유지 무단 사용'이었습니다. 국유지에 신고하지 않고 황새 사육장을 지었다는 이유에서입니다. 무려 1억 원의 국유지 무단 사용 변상금을 물어야 한다는 고발장을 받고 법정에 섰습니다.

우리나라에서 황새 복원이 시작된 것은 1971년부터로 충북 음성에서 마지막 야생 황새가 밀렵꾼의 총에 맞아 죽은 사건이 있은 뒤부터였습니다. 야생 황새가 한 마리도 남지 않게 되자, 러시아에서 황새를 도입해야만 했습니다. 이를 위해 재직했던 국립대 캠퍼스 한구석에 황새장을 짓고 사육 상태에서 증식이 이루어졌습니다. 처음에는 아무도 관심을 갖지 않았습니다.

시간이 흘러 황새의 수가 늘어나고 야생에 방사할 날이 다가오자, 그 대학의 총장은 황새들의 소유권을 검토하기 시작했습니다. 총장은 황새들의 소유권을 빼앗기 위해 국유지 무단 사용 변상금 소송을 시작으로 황새를 번식시키며 운영해 왔던 사단법인 한국황새복원연구센터의 해산도 요구해 왔습니다.

결국, 정년과 함께 황새들과 작별을 고해야 했습니다. 내가 손을 떼자, 황새에게 뭔가를 얻으려는 탐욕스러운 마음을 가지고 일을 하려는 사람들이 생겨났습니다. 그들은 악한 동기로 나를 경쟁자로 여기고, 내 상황이 악화될수록 자신들의 상황은 더욱 좋아진다고 생각했습니다.

이럴 때, 어떻게 반응해야 했을까요?

그들의 동기가 순수하지 않든, 악하든, 분명하지 않든, 신경 쓰지 않기로 했습니다. 하나님이 계시기에 그저 그분의 뜻에 맡겨드리기로 했습니다.

농촌에 황새가 살던 시절

한국의 농촌은 매우 가난했습니다. 사람들은 가난한 농촌 생활에서 벗어나기 위해 도회지로 몰려들기 시작했습니다. 그 무렵이었을 겁니다. 곡물 수확량을 증대하고 가난한 한국인의 삶의 질을 향상하기 위해 나라의 최우선 정책이 농촌 개선으로 바뀌었습니다.

일손을 줄이기 위해 농업의 기계화로 농지를 정리하고 제초제와 농약을 많이 뿌렸습니다. 우리의 식생활 문화도 육식 위주의 식단으로 바뀌면서 농촌의 농경지에는 축사들이 많이 들어서기 시작했습니다. 그렇게 축사에서 흘러나오는 폐수와 분뇨는 황새 서식지를 훼손시키기에 이르렀습니다.

우리 가족은 일찍이 농촌을 떠나 아버지와 어머니가 상업에 종사하셨습니다. 그때 8살 위인 누나가 있었습니다. 누나는 장사에 매달려야 했던 부모님을 대신해 나를 업고 다니며 키웠습니다. 당시에는 맏딸이 살림 밑천이었습니다. 살림살이가 넉넉하지 못해 딸은 제대로 대학에 다닐 수도 없는 시절이었습니다. 고등학교를 졸업하면 시집을 가야 했지요.

혼기가 다가오자 누나는 부모님 속을 많이 썩였습니다. 동네 건달들과 어울려 집에 들어오지 않을 때가 있었습니다. 그 사실을 알게 된 아버지는 누나를 죽도록 매질했습니다. 그래도 누나가 집을 나가자 다시 잡아와서 가위로 머리카락을 싹둑싹둑 모두 잘랐습니다. 누나의 헤어스타일은 마치 쥐가 파먹은 것처럼 흉해졌습니다. 그러던 누나가 주님을 인격적으로 영접했던 때는 늦은 나이였습니다.

누나가 임종을 맞은 곳은 어느 요양원이었습니다. 누나의 임종을 함께하지는 못했습니다. 그러나 숨이 끊어지기 전에 남겼다는 짧은 말을 전해 들었습니다.

"예수님! 내 영혼을 받아주소서!"

누나가 살아있을 때만 해도 장남인 내가 어머니를 모셔야 하는데, 누나는 단칸방을 마련해 어머니를 모셨습니다. 내가 할 수 있는 일이라고는

갓난아기를 업고 있는 소녀(2016)

교수의 월급으로 소액의 생활비를 어머니께 드리는 것이 전부였습니다.

"교수님!"

누나는 나를 이렇게 불렀습니다. 한때는 한국의 황새를 복원하는 교수로 방송과 신문을 통해 알려졌기에 자신이 업어 키운 동생을 많이 자랑스러워했기 때문입니다.

누나는 뇌신경암 진단을 받아 힘든 상태에서도 어머니를 20여 년 동안 정성껏 돌봤습니다. 한 번도 힘든 기색을 보이지 않았던 누나는 세상적으로 살지 않았습니다. 오히려 주님께 늘 감사하며 기쁨으로 충만한 삶을 살았습니다. 누나의 이런 주님에 대한 충성된 삶의 비결은 '예수님과의 인격적인 만남' 외에는 달리 설명할 방법이 없습니다.

성경에는 사마리아 여인이 예수님을 만나는 장면이 등장합니다. 예수님은 물을 긷기 위해 나온 이 사마리아 여인에게 물 한 모금을 달라고 하셨습니다. 이로써 예수님과 사마리아 여인의 대화가 시작됩니다. 성경에는 이 대화가 다음과 같이 기록되어 있습니다.

> 선생님은 유대 사람인데, 어떻게 사마리아 여자인 나에게 물을 달라고 하십니까?(요 4:9, 새번역).

> 네가 하나님의 선물을 알고, 또 너에게 물을 달라는 사람이 누구인지를 알았더라면, 도리어 네가 그에게 청하였을 것이고, 그는 너에게 생수를 주었을 것이다(요 4:10, 새번역).

예수께서는 이 사마리아 여인의 난잡한 남성 편력도 이미 알고 계셨습니다. 이로 인해 사마리아 여인은 예수께서 구세주이심을 직감했습니다. 뒤이어 예수께서 말씀하셨습니다.

> 이 물을 마시는 사람은 다시 목마를 것이다. 그러나 내가 주는 물을 마시는 사람은, 영원히 목마르지 아니할 것이다. 내가 주는 물은, 그 사람 속에서, 영생에 이르게 하는 샘물이 될 것이다(요 4:13-14, 새번역).

큰누님은 이미 세상의 물에 갈증을 느끼지 않고 주님이 주신 생명의 샘에서 생수를 마시다가 영원한 나라로 돌아갔습니다.

『천로역정』에 등장하는 신실을 바라보면 사도행전 7장 1절부터 60절을 장식한 스데반 집사의 설교와 삶이 오버랩됩니다. 그는 공회 앞에서 당당하게 복음을 변증하다 그의 설교를 들은 완악한 회중에게 돌에 맞아 순교했습니다. 돌에 맞아 숨을 거두기 직전, 그는 이렇게 부르짖었습니다.

> 주 예수여 내 영혼을 받으시옵소서(59절).

사마리아 여인(2022)

크리스천의 삶은 영원하고 다함 없는 삶입니다. 그러기에 새로운 생명으로 진입하는 스데반 집사의 마지막 부르짖음이 완전히 전해져 옵니다. 이 광경을 옆에서 지켜보던 사도 바울은 회심한 후 이렇게 고백합니다.

> 무명한 자 같으나 유명한 자요 죽은 자 같으나 보라 우리가 살아 있고 징계를 받는 자 같으나 죽임을 당하지 아니하고 근심하는 자 같으나 항상 기뻐하고 가난한 자 같으나 많은 사람을 부요하게 하고 아무것도 없는 자 같으나 모든 것을 가진 자로다(고후 6:9-10).

지금 내게 큰누님과 같이 주님을 기쁘게 해 드리는 믿음이 있을까요?

비록 황새는 곁을 모두 떠났지만, 바울과 같은 회심의 고백이 나의 기도가 되길 바라는 마음으로 이제 이 허영의 시장에서 빠져나가려 합니다.

11

축재의 도시

오늘날에는 금수저 집안에서 태어나야 출세도 하고 대접받는 사회가 됐습니다. 그뿐만이 아닙니다. 우월한 유전자를 갖고 있어야 가치를 인정받는 사회입니다.

존 번연은 '축재의 도시'에서 온 사람들의 입을 통해 오늘날의 시대정신을 고발하고 있습니다. 목사도 설교를 잘해 성도가 많아지고 헌금이 늘면 많은 봉급을 받고 사는 이 사회 현상을 말입니다.

황새들과 함께하는 이 순례길에서, 요즘 우리 사회에서 살고 있는 '축재(蓄財) 선생'의 제자들을 만날 수 있었습니다. 이런 사회에서는 '오직 믿음'이라는 용어조차 사용하기 참 어렵습니다.

'허영의 도시'를 빠져나온 *크리스천*은 '소망'과 함께 순례길에 나섰습니다. 한참을 걷던 중 두 순례자는 '집착', '돈사랑' 그리고 '노랭이'를 만났습니다. 이들은 '탐욕의 시'에 사는 축재 선생의 제자들이었습니다. 이 도시에서 축재 선생은 그들에게 폭력, 사기, 아첨, 거짓말, 그리고 신앙의 허울 뒤집어쓰기 등 온갖 술책을 가르쳐 주었습니다.

*크리스천*은 돈사랑, 노랭이, 집착의 말을 엿듣게 되었습니다.

돈사랑 : 저기 앞서가는 사람들은 누구지? 우리와 같이 순례길을 가는 것 같은데, 왜 우릴 거들떠보려 하지 않지?

노랭이 : 우리는 '지나치게 의롭다'는 말씀을 읽은 적이 있거니와 너무 고지식한 성격의 사람들은 사람을 판단할 때는 자신들의 주장을 내세워 자신들 이외의 사람들을 비난하고 정죄하지요.

집착 : 나도 하나님을 믿고 있는데, 하나님은 이 세상에서 우리에게 많은 것을 베푸시고 허락해 주셨으니 우리로 하여금 베푸신 것들을 잘 보존하여 하나님께 영광을 돌리는 것이 이치에 맞는 일이 아닐까요?

노랭이 : 그 점에 대해서는 우리 모두 의견이 일치됩니다.

축재 도시 출신의 집착, 돈사랑 그리고 노랭이(2021)

돈사랑: 나는 목사들도 많은 보수도 받고 성도들을 위해 일하는 것이 맞다고 생각합니다. 목사의 설교가 훌륭하다면 성도로부터 많은 헌금도 걷고 또 그걸로 큰 예배당을 지으면, 이것이 하나님께 영광을 돌리는 게 아닙니까?

결국, *크리스천*은 이들 말에 끼어들 수밖에 없는 상황에 놓여 자신의 생각을 전했습니다.

"믿음이 있는 자라면 어린아이라도 그런 문제 수만 개쯤은 대답하고도 남을 겁니다. '사람이 단지 빵을 얻기 위하여 예수님을 따르는 것조차 불법이라 하였거늘' 예수님과 종교를 이용하여 현세의 쾌락과 유익을 얻는다는 것이 얼마나 혐오할 만한 일인가요! 이교도들이나 위선자들, 악마나 마녀들이 아니라면 그 같은 행위는 찾아볼 수 없을 것입니다.
옛날에 하몰과 세겜이 야곱의 딸과 가축에 탐을 내었으나 오직 유대인들처럼 할례를 받아야만 그들에게 접근할 수 있음을 알게 되었을 때, '그들이 모두 할례를 받은 것처럼 우리도 모든 남자가 할례를 받는다면 그들의 가축과 짐승, 재산 및 그 밖의 모든 것이 다 우리 것이 되지 않겠느냐?'라고 말했습니다. 결국, 그들은 야곱의 딸과 가축을 얻고자 하는 그들의 목적 달성을 위해서 종교를 하나의 방편으로 이용하고자 했지요."

축재 선생의 후예들

어느 날 황새 복원 사업이 자연과학자의 연구 사업이 아닌, 축재 시에서 온 돈자랑과 집착, 노랭이의 제물로 바뀌어 버렸습니다. 그 축재 시는 우리나라에서 꽤 유명하다는 모 언론사입니다. 그들은 상금을 마련하여 마구잡이식으로 황새를 자연에 뿌려 대고 있는 한 지자체 단체장에게 '한일국제환경상'이라는 이름으로 포상을 수여했습니다.

많은 돈은 아니었지만, 황새의 야생 복귀가 연구 사업이라는 것을 모른 채 환경보호로 포장하여 이 사업의 본질이 가려지고 있다는 사실에 너무 가슴이 아팠습니다. 제 가슴이 아픈 만큼 황새들도 가슴 아팠을 겁니다. 그런 일이 일어난 후, 황새들에게 나쁜 일들이 일어났기 때문입니다. 마구잡이로 방사한 황새들이 전신주 감전사로 죽었고 농약 중독으로 신음하기도 했습니다.

어느 날 내가 운영하는 웹사이트에 올라온 한 황새의 사진을 봤을 때, 오열하고 말았습니다. 그 사진은 황새를 사랑하는 어떤 사람이 찍은 것이었습니다. 사진 속에는 낚싯줄에 걸려 다리 하나가 잘려 나간 채 돌아다니고 있는 황새의 모습이 담겨 있었습니다.

돈사랑과 집착, 노랭이에게 돈이 많고 그들이 하나님의 영광을 외친다면, 전신 지중화 사업에 돈을 보태주면 안 될까요?

물론 그들에게는 거의 불가능한 일이라는 것을 알고 있습니다. 그들은 조상 때부터 폭력, 사기, 아첨, 거짓말, 그리고 신앙의 허울 뒤집어쓰기 등 온갖 술책에 대해 가르침을 받았기 때문입니다.

이런 사정도 모른 채, 재직하고 있던 학교에 '박 교수는 학교 구성원이 공적으로 사용할 땅을 개인의 연구 목적으로 사용하고 있다'는 내용의 대자보가 붙었습니다. 거기에는 '당장 학교를 떠날 것'을 성토하는 내용도 포함되어 있었습니다. 대학에 들어온 지 10년 만에 황새 복원 연구를 한다는 이유로 대학에서 쫓겨날 상황과 마주했습니다. 잠시 학교 내에서 연구를 접고, 인사동으로 갔습니다. 다수의 국민에게 황새를 알리기 위해서였습니다.

인사동에서는 이미 국민대에서 환경디자인을 전공하는 윤호섭 교수께서 환경보호 퍼포먼스를 하고 계셨습니다. 이에 윤 교수님의 동의하에 교수님 옆에서 준비해 간 황새 모빌과 브로슈어를 나누어 주었습니다. 그날, 사람들에게 알리고 싶었던 내용은 이랬습니다.

> '우리나라 마지막 황새가 밀렵꾼의 총에 맞아 완전히 사라졌고, 황새의 야생 복귀를 위해 오염된 우리 자연을 재생시켜야 한다.'

그때는 윤 교수님께서 하루에 일이백 명의 행인을 대상으로 티셔츠에 그림을 그려 줄 정도로 반응이 뜨거웠습니다.

인사동에서 그림을 그리는 사람(2004)

그 후 몇 년이 지나 코로나19가 찾아왔던 때는 내가 직접 물감과 붓을 들고 인사동과 여의도 샛강으로 나갔습니다. 코로나19로 인해 사람들의 반응이 신통치 않았습니다. 이에 국회의사당 앞에서 이젠 우리나라도 '황새법'을 제정해야 한다며 1인 시위를 했습니다.
이 시위는 농민들이 농약을 사용하지 않고 농사를 지었을 때, 국가가 그 소출의 감소분을 생태관리비로 지원해 주자는 내용을 국회 청원하기 위한 시위였습니다.

'황새법'을 일명 '농경지 생태관리기본법'이라고 하는 이유가 여기에 있습니다. 주민들의 사유재산인 논에서 먹고 살아야 하는 존재인 황새는 주민들이 농약을 사용하지 않아야 살아갈 수 있기 때문입니다. 결과적으로 최소 5만 명의 동의를 얻어야 국회 소위원회의 안건으로 상정된다는 조건에 미치지 못해 국회 청원은 실패했습니다.

모든 시도는 실패로 돌아갔고, 황새 복원을 위해 할 수 있는 일은 하나도 없었습니다. 결국, 증식시켜 놓은 황새들은 하나님께 맡기고 내가 할 수 있는 일이란 기도밖에 없었습니다.

어느 날, 꾼 꿈의 내용입니다.

천사가 나타나더니 노인을 앞에 두고 커다란 흰 쪽지를 보여 주며 무슨 말을 건넸습니다. 나는 아직 그 말이 무엇을 의미하는지 알지 못합니다. 하지만 내 딸아이의 아기가 태어나 소녀가 되었을 때, 그 아이가 국회의

사당 앞에 서서 질문을 던지는 상황이 올 것 같습니다.

"내 할아버지를 아시나요?"

이 질문에 누군가가 대답했습니다.

"그는 황새법을 만들기 위해 매일 국회 앞에서 서성거렸습니다."

꿈속에서도 여전히 나는 황새를 위해 일하고 있었습니다.

황새를 다시 자연으로 돌려보낸다는 것은 돈을 주고도 할 수 없습니다. 우리 모두의 생각과 마음이 바뀐다면 언젠가 이룰 수 있다는 희망만 가질 뿐입니다. 주님은 나의 실패에도 함께하십니다. 성경에서는 실패에 대해 이렇게 적고 있습니다.

> 우리의 일이 실패로 끝나는 것처럼 보이지만 안에서는 하나님께서 단 하루도 빠짐없이 은혜를 펼치시며 새로운 생명을 창조하고 계십니다. 현재의 힘겨운 시기는 장차 다가올 복된 시기, 우리를 위해 마련된 성대한 잔치에 비하면 하찮은 것에 불과합니다. 눈에 보이는 것이 전부가 아닙니다. 지금 우리 눈에 보이는 것은 오늘 이 자리에 있다가 내일이면 사라지고 말지만, 보이지 않는 것은 영원히 지속될 것입니다(고후 4:16-18, 메시지).

내 할아버지를 아시나요?(2022)

어린아이와 같은 심령

'내가 자연과학자로 노벨상을 받은 학자라면 다른 사람들이 날 이렇게 취급하지 않았을 텐데…. 그리고 황새 복원 연구가 이렇게 실패로 끝나지도 않았겠지!'

크리스천으로서 실패를 경험할 때마다 그 원인을 이렇듯 '나의 덕목 부족'으로 생각하곤 합니다. 그러나 황새 복원 일을 하는 나에게 성경은 이렇게 말하고 있습니다.

> 시기심이나 교만한 마음을 품고서 다른 사람들과 자신을 비교해서도 안됩니다 자기가 아닌 다른 무엇이 되려고 애쓰지 마십시오(롬 12:6, 메시지).

이 말씀대로라면 '시기심이나 교만한 마음을 품고서 다른 사람들과 자신을 비교하면서 살지' 말아야 합니다. 또한 '자기가 아닌 다른 무엇이 되려고 애쓸 필요'도 없습니다. 다만 필요한 것은 다른 사람을 존중하는 마음입니다. 그러나 하나님이 지으신 자신을 열등감에 빠트릴 수 있는 존재이기에 과학자이자 크리스천으로서 성령의 인도를 받는 삶을 살아가지 못하고 있다는 생각이 들었습니다. 어느 날, 성경 말씀에서 교훈 한 가지를 얻었습니다.

> 누구든지 내 이름으로 이런 어린아이 하나를 영접하면 곧 나를 영접함이요 누구든지 나를 영접하면 나를 영접함이 아니요 나를 보내신 이를 영접함이니라(막 9:37).

예수께서 집에 계실 때에 제자들에게 물으셨습니다.

> 너희가 길에서 토론하던 것이 무엇이냐(막 9:33, 메시지).

제자들은 자기들끼리 누가 가장 큰 사람인지를 두고 입씨름을 벌였던 것입니다. 이 질문에 제자들이 잠잠하자, 예수께서 말씀하셨습니다.

> 너희가 첫 자리를 원하느냐? 그렇다면 끝자리로 가거라. 모든 사람의 종이 되어라 (눅 9:35, 메시지).

이렇게 말씀하시고 예수님은 방 한가운데에 어린아이를 세우시고 아이를 품에 안으며 설명하셨습니다.

> 누구든지 이 어린아이들 가운데 하나를 나처럼 품으면 곧 나를 품는 것이고, 또 나를 훨씬 넘어서서 나를 보내신 하나님을 품는 것이다(막 9:37, 메시지).

어린아이를 영접, 즉 품는다는 것은 무슨 뜻일까요?

'무시당하기 일쑤인 사람들에게 사랑의 관심을 베풀라'는 주님의 가르치심을 읽을 수 있습니다.

어떤 날인가에 길거리에서 거지를 만났습니다. 그 거지는 내게 먹을 것을 사려고 한다며 잔돈을 구걸했습니다. 별 반응을 기대하지 않다가 내

어린아이를 영접하는 예수(2022)

가 만 원짜리 한 장을 건네자 그는 펄쩍 뛰며 말했습니다.

"감사합니다!"

그는 의외로 큰돈이 쥐어져 어쩔 줄 몰라 했지만 내 마음은 갑자기 한없이 슬퍼졌습니다. 사실 그날 빠지고 싶지 않은 모임에 가고 있던 길이었습니다. 그에게 선뜻 적선한 이유는 모임으로 향하던 걸음을 멈추고 싶지 않았기 때문입니다. 그러니까 거지를 영접하지 못한 것입니다. 그저 인심 좋은 사람이 되고자 했을 뿐입니다.

이런 인심은 '어린아이 하나를 영접하라'(막 9:37)는 주님의 말씀과는 큰 괴리가 있음을 느낍니다. 지금까지 이렇게 내 마음 하나 바꾸지 못하면서 다른 사람들의 마음이 바뀌길 기대했습니다.

예수께서는 어린아이를 안으며 제자들의 경쟁심을 나무라셨습니다. 이 장면을 보며 곰곰이 생각해 봤습니다.

'제자들이 품은 세상의 경쟁심을 지적하면서 주님은 왜 어린아이를 영접하는 것에 대한 얘기를 꺼내셨을까?'

이른 새벽에 더러운 쓰레기를 수거하는 아저씨가 있습니다. 그 쓰레기 안에는 방금 버린 어린아이의 일회용 기저귀도 들어있었습니다. 한 어린아이의 엄마가 말합니다.

"얘야, 방금 네가 똥 싼 기저귀를 치우고 계시는 저 아저씨가 참 고맙지 않니! 저 아저씨가 계시기 때문에 네가 병에 걸리지 않고 건강하게 살고 있는 거야."

그러나 다른 엄마는 이렇게 말했습니다.

"얘야, 너도 공부 안 하면 저 아저씨처럼 쓰레기 줍는 사람이 된단다. 저렇게 오물이 묻은 옷을 입고 쓰레기 치우는 사람이 되고 싶니?"

제자들의 경쟁심이 바로 후자의 엄마와 같은 생각입니다. 그리고 예수께서는 '축재의 도시'에서 온 순례자인 '돈사랑, 노랭이, 집착'에게 늘 천국에서 누가 더 큰 자인지를 질문하십니다. 이 땅에서는 비록 황새 복원 연구의 실패자이지만, 천국에서는 실패한 사람이 아니길 바랍니다. 그러니 이제 실패의 원인을 '나의 덕목 부족'으로 돌리는 이런 생각을 버려야겠습니다.

'자연과학자인 내가 노벨상을 받은 학자가 아니라서 이렇게 되고 만 거야!'

우리는 늘 누구는 더 낫고 누구는 모자라기라도 한 것처럼 비교하면서 삽니다. 그러나 어린아이는 남을 이렇게 판단하고 비교하지 않습니다. 예수님께서 어린아이 하나를 영접하라고 말씀하신 까닭은, 어린아이는 아무도 판단하지 않는 심령을 갖고 있기 때문입니다.

12

절망의 감옥

크리스천이라고 해서 죽고 싶을 정도의 고통을 느끼지 않는 것은 아닙니다.

'스스로 목숨을 끊어 볼까!'

이런 생각을 안 해 본 것은 아닙니다. 주님은 이것도 '살인하는 것'이라고 하십니다. 오히려 주님은 죽기를 각오하고 기도하라고 하십니다. 그렇게 기도하면 응답하겠다고 하십니다. 『천로역정』에서 존 번연은 기도에 대해 이렇게 전합니다.

"주님께서는 의심의 성 감옥 문을 여는 그 신비한 열쇠를 믿는 성도들에게 모두 주었다."

*크리스천*과 '소망'은 편해 보이는 샛길로 들어섰습니다. 그런데 얼마 지나지 않아 구덩이에 빠지고 말았습니다. 천신만고 끝에 구덩이에서 빠져나온 *크리스천*과 소망은 오두막 하나를 발견하고는 피곤에 지쳐 그곳에서 잠이 들었습니다. 그들은 그곳에서 그만 '절망의 거인'에게 붙들려 '의심의 성'이란 지하 감옥에 갇히고 말았습니다.

지하 감옥에 들어서자 절망의 거인이 소리쳤습니다.

"너희는 어디서 온 놈들이며 왜 함부로 내 땅에 들어와 있느냐?"

*크리스천*은 재빨리 대답했습니다.

"우리는 순례자들인데 길을 잃었습니다."

거인은 그들을 끌고 가 지하 감옥에 가두었습니다. 그들은 그곳에서 며칠 동안 물 한 모금과 빵 한 조각도 먹지 못한 채 굶주려야 했습니다.

절망의 거인에게는 아내가 있었는데, 그녀의 이름은 '의혹'이었습니다. 거인이 이 두 녀석을 어떻게 처리해야 할지 의혹에게 묻자 그녀는 이렇게 충고해 주었습니다.

의심의 성, 지하 감옥(2022)

"스스로 목숨을 끊어버릴 때까지 죽도록 매질을 하시오."

지하 감옥에서 고통의 나날을 보내던 *크리스천*은 작심한 듯 소망에게 말했습니다.

"형제여, 우리가 어떻게 해야 할까요? 지금 있는 삶은 비참하기 짝이 없습니다. 저로서는 이렇게 계속 살아야 할지, 아니면 스스로 목숨을 끊어야 할지 알 수 없군요. 이렇게 내 마음이 뼈를 깎는 고통을 겪으니 차라리 숨이 막히는 것과 죽는 것을 택하리이다. 이 지하 감옥보다 무덤이 제게 더 편하겠어요."

소망이 대답했습니다.

"저도 이렇게 고통을 겪으면서 사느니 차라리 죽는 편이 더 낫겠어요. 하지만 우리 한번 곰곰이 생각해 봅시다. 우리가 가고자 하는 하늘나라의 주님께서는 '살인하지 말라'라고 명하셨습니다. 자살도 살인이니 당연히 영생이 없습니다."

고통 속에서 두 사람은 기도하기 시작했습니다. 그 기도는 거의 날이 샐 때까지 계속되었습니다. 아침이 되기 직전이었습니다. *크리스천*은 반쯤 놀란 표정으로 갑자기 격렬하게 말을 토해내기 시작했습니다.

절망의 거인과 의혹(2022)

"아이고, 내가 멍청이지, 도망칠 길이 있는데도 그동안 이 악취 나는 토굴에 갇혀 있었다니! 제 가슴에는 언약이라 불리는 열쇠가 하나 있는데, 그 열쇠는 의심 성에 있는 모든 자물쇠를 열 수 있다고 들었습니다!"

소망은 깜짝 놀라 어서 빨리 그 열쇠를 꺼내 감옥 문을 열어 보라고 재촉했습니다. 마침내 *크리스천*과 소망은 그 열쇠로 감옥 문을 열고 의심의 성을 빠져나왔습니다.

술 취함의 유혹

절망의 거인에게 잡혀 지하 토굴에 갇혀 죽고 싶을 정도로 큰 고통을 겪고 있었을 때 *크리스천*은 갑자기 '언약'이라는 열쇠를 생각해 냈습니다.

주님의 은혜로 예수를 믿고 크리스천이 되었지만 죽고 싶을 정도의 큰 고난이 다가온 적이 있습니다. 바로 아버지와 동생을 덮친 술 귀신 때문이었습니다. 그 술 귀신은 독일의 아름다운 집에서 태어난 제 딸에게도 찾아와 끔찍한 일이 벌어졌습니다.

딸아이는 태신자입니다. 착하고 똑똑한 아이라고 생각했는데, 성인이 되어 회식을 할 때면 종종 술에 취해 정신이 나가곤 했습니다. 게다가 혼자서 밤거리를 헤매거나 집도 찾아오지 못하는 몽유병과 같은 증상이 생겼습니다. 소위 이런 경우, 우리는 '필름이 끊겼다'라고 표현합니다.

술에 취한 여자(2022)

그런 날은 휴대폰 연결도 되지 않습니다. 이것은 부모로서 감당할 수 없는 일이었습니다. 언제 사고사로 이어질지 모르기에 너무 겁이 날 수밖에 없었습니다. 여자이기 때문에 누군가에 의해 성추행 사고도 당할 수 있는 위험에 노출되어 있기에 아빠로서 미칠 것만 같았습니다.

이 모든 것이 아버지로부터 내려온 마귀의 장난이라고 생각하니 차라리 내가 죽는 편이 낫다고 생각했습니다. 그러다가 죽기를 작정하고 금식하며 기도하기 시작했습니다. 금식 6일째 되던 날, 마귀와 씨름했습니다. 예수님의 이름으로 귀신에게 떠날 것을 명했습니다.

> 네 믿음이 너를 구원하였느니라(막 10:52).

이 말씀을 붙잡고 하나님 나라를 상속받는 자로 다시 태어날 수 있길 기도했습니다. 그러자 하나님께서는 비몽사몽 간에 딸의 집 거실 벽면이 화사하게 핀 파스텔 톤 꽃들로 장식되어 있는 모습을 보여 주셨습니다. 이로써 의심의 성 감옥 문을 열 수 있었습니다.

그 후 6개월쯤 지나자, 몇 년 동안이나 딸아이를 괴롭혔던 그 귀신은 감쪽같이 사라졌습니다. 한 방울의 술도 입에 댈 수 없을 정도로 술 귀신의 포로 되었던 삶에서 완전히 해방되었습니다. 살아 계셔서 지금도 역사하시는 하나님을 찬양합니다.

그동안 딸로 인해 무척 마음고생을 했습니다. 딸아이를 종합병원 알코올 치료 정신과 의사에게도 보내 봤으나 소용이 없었습니다. 그렇게 현대 의학으로도 치료하지 못했는데 죽기를 각오하고 주님께 기도하며 매달리자 절망의 옥문이 열리는 기적이 일어난 것입니다.

기적을 일으킨 기도

크리스천인 우리도 인생을 살아가면서 절망의 감옥에 갇힐 때가 있습니다. 그 절망의 감옥에서 빠져나올 방법은 첫째도 기도, 둘째도 기도입니다. 감옥에 갇혀 간절히 기도하던 베드로에게도 옥문이 열리는 기적이 일어났습니다(행 12:1-10).

절망의 감옥에 갇히는 것은 크리스천과 소망은 물론 나를 포함한 그 누구도 처할 수 있는 상황입니다. 그 절망 속에서 기도하기란 쉽지 않습니다. 간절한 기도, 그것도 목숨과 바꿀 수 있는 기도는 정말 어렵습니다. 그러나 베드로와 초대 교회 기독교인들이 목숨을 바칠 정도로 간절하게 기도했을 때 주님은 옥문이 열리는 기적으로 응답하셨습니다.

존 번연이 왜, 절망의 감옥을 생각했을까요?

이 생각에 깊이 잠기자, 베드로가 감옥에 갇혔을 때 갑자기 옥문이 열리는 기적의 순간이 눈앞에 펼쳐졌습니다.

옥문이 열리는 기적을 경험한 베드로(2023)

> 바로 그 무렵 헤롯왕의 머릿속에 교회 구성원 몇몇을 처단할 생각이 들었다. 그는 요한의 형제 야고보를 죽였다. 그 일로 인해 유대인들한테 자신의 인기가 부쩍 높아진 것을 알게 된 헤롯은, 이번에는 베드로를 잡아들여 감옥에 가두고, 사인조 병사 네 개 조로 그를 감시하게 했다. 이 모든 일이 유월절 주간에 일어났다. 헤롯은 유월절이 지난 후에 베드로를 공개 처형할 작정이었다. 베드로가 감옥에서 삼엄한 경비를 받고 있는 동안에, 교회는 그를 위해 더욱 맹렬히 기도했다(행 12:1-5, 메시지).

이 말씀에 이어지는 이야기는 정말 드라마틱합니다. 드디어 헤롯이 그를 끌어내어 처형할 때가 다가왔습니다. 그날 밤, 베드로는 쇠사슬에 묶인 채 기도했습니다. 그런데 갑자기 한 천사가 베드로 곁에 나타났습니다. 순간, 감옥에 빛이 가득했습니다. 천사는 베드로를 흔들어 깨웠습니다.

"서둘러라!"

그때 베드로의 팔목에서 쇠사슬이 벗겨졌고, 베드로는 천사가 시키는 대로 열린 옥문을 통과해 거리로 들어섰습니다. 이 놀라운 기적의 순간이 내게 그림으로 다가왔습니다.

『천로역정』의 *크리스천*과 소망은 처음 절망의 감옥에 갇혔을 때는 기도를 잊고 있었습니다. 그러나 자정 무렵부터 기도를 시작해서 새벽이 가까워질 때까지 계속했습니다. 해 뜰 무렵, 갑자기 *크리스천*은 해결책을 생각해 냈습니다. 그리고 끝내 *크리스천*은 이렇게 고백했습니다.

"언제든지 마음대로 나갈 수 있었는데 이 냄새나는 감방에 처박혀 있었다니, 나 같은 바보 멍청이가 또 있을까! 언약이라는 열쇠를 가슴에 늘 품고 다니면서 새카맣게 잊었어! 이것만 있으면 의심의 성에 있는 문이란 문은 죄다 다 열 수 있는데 말일세."

이것은 황새와 함께 걷고 있는 나에게도 너무 간절한 고백입니다. 간절히 기도할 때 응답하시겠다는 말씀을 주셨으니까요.

> 너는 내게 부르짖으라 내가 네게 응답하겠고 네가 알지 못하는 크고 은밀한 일을 네게 보이리라(렘 33:3).

이제 이 말씀을 붙잡고 하나님을 경외하며 다시 남은 순례의 여정을 이어 가려 합니다.

13

기쁨의 산

오늘은 '기쁨의 산'을 오르며 권능의 하나님을 만납니다. 존 번연은 '목자'를 통해 배교자들의 최후의 모습을 보여 줍니다. 그리고 지금까지 전지전능하셔서 범접할 수 없었던 하나님과 직접 대화할 수 있는 비결 하나를 발견합니다.

*크리스천*과 소망은 기쁨의 산에 도달했습니다. 기쁨의 산의 소유주인 목자들은 이들을 반갑게 맞으며 이 산에 관해 설명해 주었습니다.

"이 산지는 임마누엘님의 땅으로 그의 도성이 바라다보이는 영역 내에 있지요. 그리고 그 양들도 그분의 것입니다. 그분은 양들을 위해 목숨을 버리셨답니다."

오류의 꼭대기(2022)

크리스천은 먼저 한 분의 목자에게 물었습니다.

"이 길이 천성으로 가는 길입니까?"

"올바로 오셨습니다."

"천성까지는 얼마나 남았나요?"

"어떤 사람들은 너무 멀어 못 가지만, 갈 사람들은 다 갑니다."

목자들은 두 순례자를 데리고 '오류'라고 불리는 산꼭대기로 안내했습니다. 그 산은 매우 가파른 모습을 하고 있었습니다. 아래를 내려다보자 그곳에는 산산조각 난 시체가 밑바닥에 널려져 있었습니다.

크리스천은 산산조각 난 시체를 보고 또 물었습니다.

"이것은 무슨 의미가 있는지요?"

"당신은 몸의 부활이 이미 지나갔다고 떠드는 '후메내오와 빌레도'(딤후 2:17-18)의 말을 듣고 오류에 빠졌던 자들에 관해 들어 보지 못했나요?"

"예, 들어 본 적이 있습니다."

"이 산 밑바닥에 떨어져 산산조각 나 있는 저 사람들이 바로 그들입니다. 당신들이 보다시피, 저들을 오늘날까지 매장하지 않은 채 남겨둔 것은 다른 사람들이 산 가까이 오거나 기어오르고자 할 때 경고하기 위해서입니다."

두 순례자는 목자들의 안내에 따라 지옥으로 가는 샛길로 들어섰습니다. 멀리서 불이 타는 듯한 소음과 고통당하는 자들의 울부짖는 소리와 유황 냄새도 났습니다. 이곳에 대한 목자들의 설명이 이어졌습니다.

"이곳은 지옥으로 가는 샛길인데, 위선자들이 주로 가는 길이지요. 예를 들면, 에서처럼 출생 권리를 파는 자들이나 유다처럼 자기 스승을 파는 자들, 알렉산더처럼 복음을 모욕하는 자들, 아나니아와 그 아내 삽비라처럼 거짓말하고 속이는 자가 들어간답니다."

이윽고 *크리스천*과 소망은 목자들과 작별하고 '자만의 지방'으로 들어섰습니다. 어두운 길에서 한 사람이 일곱 가닥의 강한 밧줄에 묶인 채 일곱 귀신에게 끌려가는 것이 보였습니다. 귀신들은 그를 예전에 순례자들이 보았던 언덕 옆문으로 끌고 가고 있었습니다(마 12:24; 잠 5:22).

이를 본 *크리스천*과 소망은 너무 무서워서 부들부들 떨기 시작했습니다. *크리스천*은 귀신들에게 끌려가는 이가 아는 사람인 것 같아 가까이 다가갔습니다. *크리스천*은 그가 '배교마을'에 살았던 '변절'이 같다고 생각했습니다. 그러나 그 사람은 마치 현장에서 붙잡힌 도둑처럼 고

일곱 귀신(2022)

개를 반대쪽으로 돌렸기 때문에 그의 얼굴을 똑똑히 볼 수 없었습니다. 소망은 그 사람이 지나간 다음에 그의 뒤를 보았는데, 그 사람의 등에는 '음란한 신앙 고백자요, 저주받은 배교자'라고 쓰여 있었습니다.

한때 예수님을 믿다가 사탄의 속임수에 빠져 세속의 길로 들어선 사람을 많이 보았습니다.

그들은 어떤 종말을 맞게 될까요?

존 번연은 일곱 귀신에게 끌려가는 모습과 오류의 꼭대기에서 시체 더미에 갇혀 있는 그들의 종말을 보여 줍니다. 그곳에는 고통을 당해 울부짖는 소리와 유황 냄새가 가득했습니다.

간혹 지옥의 고통에 대한 의식과 두려움 때문에 천국을 열렬히 사모하다가도 지옥에 대한 의식과 저주에 대한 두려움이 시들해지면 천국에 대한 열심도 시들해지곤 합니다. 다시 말해, 우리에게는 죄의식과 두려움이 사라지면 천국과 행복에 대한 열망도 사라져 편한 길로 다시 돌아가려는 습성이 있습니다. 존 번연이 오류의 꼭대기와 일곱 귀신을 보여 준 이유가 여기 있습니다. 천국을 향한 순례길을 멈추지 말라는 신호인 것입니다.

기쁨의 산에 올라 그동안 미뤄 두었던 동물들과의 대화를 시도했습니다.

"호르르, 호르르."

휘파람새 노래를 부르면 휘파람새 수컷 한 마리가 바짝 다가옵니다. 자연과학자의 입장에서 보면 이것은 소리만 듣고 사람을 자신의 경쟁자로 여기고 있다는 증거입니다. 그러나 이 생명체 입장으로 생각해 보면, 평소 사용하는 자신들의 은밀한 대화의 비밀 하나를 들키고 만 것입니다. 이렇게 기쁨의 산은 온갖 산새들이 자신들만의 비밀들을 간직한 채 대화를 나누는 곳이었습니다.

동물과의 대화

'동물들도 사람처럼 사랑이 있을까?'

동물행동학자로서 이 질문을 던져 봅니다. 과연 어미 새가 새끼 새에 대한 모성애를 가지고 있을까요?

이는 답하기 쉽지 않은 질문입니다. 동물학자로서 인간들이 느끼는 사랑이라는 관점에서 해당 문제를 연구하지 않습니다. 예를 들어, 제비 한 쌍이 처마 밑에 둥지를 틀었습니다. 그리고 5-6개의 알을 낳았습니다. 어미가 알을 동시에 낳지 않고 하루에 하나씩, 혹은 하루걸러 하나씩 낳기도 합니다. 그러면 첫 번째 알에서 깨어난 새끼가 가장 크고 막내가 가장 작습니다.

어떻게 아느냐고요?

벌어진 노란색 입의 크기로 금방 알 수 있습니다. 여기서 한 가지 실험을 해 보면 재미있는 현상이 발견됩니다. 어미 새가 먹이를 부리에 가득 물고 와, 가장 크게 벌린 입에 먹이를 다 털어 넣은 후에 다음 먹이 사냥을 나갑니다. 그다음 먹이를 물고 와서는 둘째, 셋째 순서로 입에다 넣어 줍니다. 아주 규칙적입니다. 방금 먹은 새끼에게 중복해서 넣어 주는 법은 없습니다. 여기서 의문 하나를 발견합니다.

'과연 어미는 새끼들을 다 구분할 수 있을까?'

이를 알아내기 위해 마분지로 새끼 새가 입을 벌린 모양을 만들어 노란 광택이 나도록 색칠했습니다. 이때 크기는 제각각입니다. 하나는 첫째보다 더 크게, 다른 하나는 막내 입보다 더 작게 만들었습니다. 그러고는 어미 제비가 먹이를 가지고 와서 다섯 마리의 새끼가 동시에 입을 벌렸을 때, 이 가짜 부리를 새끼들의 주둥이 옆에 가져다 대 주었습니다. 그러자 희한한 일이 벌어집니다. 어미는 자기 새끼들보다 큰 가짜 부리에 먹이를 넣어 주지만, 작은 입에는 절대 먹이를 주지 않았습니다.

실제로 자연에서는 이 다섯 마리의 제비 새끼들이 모두 부화하고 이틀 정도가 지난 후부터 어미는 먹이를 실어 나르기 시작합니다. 첫날 어미 제비는 하루에 80회 정도 먹이를 날라다 줍니다. 어미는 가장 크게 입을 벌린 새끼에게 먹이를 주고, 3분에서 5분 정도가 지나면 둘째에게 먹이를 줍니다. 이때 첫째는 먹이가 모이주머니 속에 남아 있기 때문에 아직 배가 덜 고파, 입을 크게 벌리지 않습니다. 그러나 만일 어미가 먹이를 가져오는 시간이 지체되면 문제가 발생합니다. 20분 정도가 지체됐다고 가정해 봅시다. 그러면 셋째 차례에 첫째의 입이 다시 가장 크게 벌어지게 되어 셋째, 넷째 그리고 다섯째에게는 아예 먹을 기회가 오지 않습니다. 참 매정한 일이 아닐 수 없습니다.

어미가 이것을 알았다면 참 좋을 텐데, 하나님은 제비 어미에게 그것을 분간할 수 있는 지혜를 주지 않으셨습니다.
사람처럼 그런 지혜를 가지려면 지금보다 제비의 뇌가 적어도 5-6배는 더 크게 만들어져야 할 겁니다. 그 작은 뇌로는 분별 능력을 갖추지 못한 것입니다. 그러다 보니, 요즘처럼 제비들의 먹이터가 농약이나 살충제에 오염돼 벌레가 절대적으로 부족해진 현실에서는 다섯 마리가 아닌 두 마리 새끼를 길러내는 것도 힘겨운 세상이 되었습니다.

이것을 통해 확인할 수 있는 게 있습니다. 하나님께서 창조 세계의 돌봄을 동물이 아닌 사람에게 맡기셨다는 사실입니다. 이와 같은 사실을 성경이 증

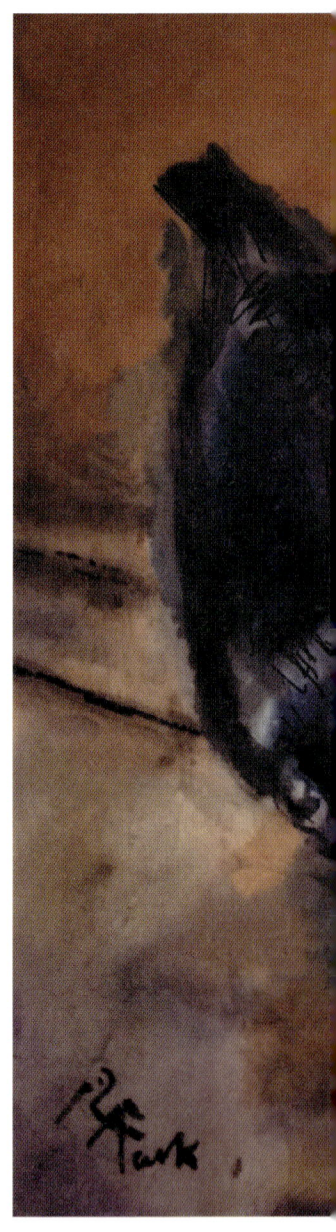

제비 둥지(2018)

언합니다. 하나님께서는 사람들에게 명령하셨습니다.

> 생육하고 번성하여 땅에 충만하라, 땅을 정복하라, 바다의 물고기와 하늘의 새와 땅에 움직이는 모든 생물을 다스리라(창 1:28).

이렇듯 하나님께서는 사람에게 지혜를 부여하고 생물들을 다스리라는 권한을 주셨지만 사람들은 아직 하나님의 말씀을 다 이해하고 있지 못합니다.

자연과학자로서 연구하다 보면 하나님께서 우리에게 원하시는 것이 무엇인지 느껴질 때가 많습니다. 물론 자연은 아름다움을 넘어 신비로울 때도 참 많습니다. 연구하면 할수록 미지의 신비로움이 존재하기 때문에 아직도 많은 과학자가 이런 자연의 신비로움에 도전하고 있습니다. 그 신비로움을 밝히려는 노력은 또 다른 환희와 희열을 가져옵니다.

동물행동학의 아버지라 불린 콘라드 로렌츠(Konrad Lorenz)는 동물들의 소리와 행동을 연구하여 노벨상을 받기도 했습니다. 그의 책 『솔로몬의 반지』는 국내에도 소개된 적이 있습니다.

구약에 등장하는 솔로몬왕은 반지를 끼고 동물들과 대화했다는 얘기가 있습니다. 물론 이 이야기는 외경에만 기록되어 있습니다. 솔로몬은 하나님께 재물이나 권력을 주실 것을 요구하지 않고 지혜를 달라고 요청한 왕으로 잘 알려져 있습니다.

두 여인이 한 아이를 두고 서로 자신의 아이라고 주장하는 상황에서 모성을 이용해 친어머니를 가려낸 솔로몬의 재판은 너무 잘 알려진 이야기입니다.

오늘은 딸에게 10주가 돼 가는 초음파 태아 동영상을 받았습니다. 딸은 자신의 몸속에서 움직이는 태아를 보니 너무 신기했던 모양입니다. 나 역시 너무 신기했습니다. 머리와 몸통 그리고 움직이는 팔과 손이 보였습니다. 심장 고동 소리도 들렸습니다. 벅찬 마음에 딸에게 축하 메시지를 보냈습니다.

'하나님의 솜씨가 작동 중!'

태아를 만들어 가는 것, 누구의 솜씨인가?

분명 그 태아는 핵융합을 거친 하나의 세포에서 시작되었습니다. 그 세포 속에는 인간이면 모두 들어있는 46개의 염색체가 있습니다. 물론 이 염색체에는 태아를 만드는 유전자 정보로 꽉 들어차 있습니다. 생물학적으로 얘기하면 이중나선 모양의 염기 서열들입니다. 이것은 마치 실에 꿴 구슬과 같다고 할 수 있습니다.

하나의 세포는 분열을 거듭하여 머리, 뇌, 팔, 다리 그리고 장기들을 만듭니다.

땅에게 보낸 메시지 (2024)

하나의 세포가 어떻게 이것을 가능하게 할까요?

세포가 분화되면서 각 세포는 자신의 임무대로 어떤 세포는 머리만, 또 어떤 세포는 팔만, 그리고 다른 세포는 다리만 만듭니다.

참 신기하지 않나요?

세포에는 46개의 염색체로 똑같은 유전자 정보가 들어 있는데, 팔을 만드는 세포는 팔만 만들도록 유전자가 프로그래밍하고, 손 세포는 손을 만드는 특정 부위의 유전자로만 작동합니다.

누가 이것을 지시할까요?

오늘날의 과학은 그것이 유전자 정보에 의해 명령을 받아 저절로 만들어진다고 설명합니다. 그러나 정보를 프로그래밍한 사람이 있기에 컴퓨터가 작동하는 것처럼, 태아의 유전자 정보를 프로그래밍한 분은 분명히 존재합니다.

더욱 신기한 건, 그 세포들이 서로 소통한다는 것입니다. 예를 들어, 심장을 만드는 세포와 소장을 만드는 세포는 서로 의사소통을 합니다. 어떤 시점에 이르면 심장을 만드는 세포가 소장을 만드는 세포에게 명령합니다.

"나는 심장을 만들 테니, 너는 소장을 만들어!"

반대로 소장의 세포는 이렇게 명령합니다.

"나는 소장만 만들 테니, 너는 심장을 만들어!"

만일 이런 소통이 되지 않으면 심장을 두 개 만들 수도 있고, 소장만 두세 개일 수도 있다는 얘기입니다. 과학자들은 이미 세포막을 통해 물질 교환이 일어나는 현상을 발견했습니다. 그 물질은 다시 세포의 핵 속에 들어있는 조절 유전자에 작용하여 작동 유전자로 하여금 손과 발, 그리고 장기를 만들도록 명령을 내립니다.

엄마의 배 속에서 태아는 10개월 동안 무려 수십조 번의 세포분열 과정에서 세포 간 협업을 거듭합니다. 마치 이 우주가 빅뱅에 의해 비롯되어 은하계에 수많은 별을 만드는 것과 같습니다.

프랜시스 콜린스(Francis Collins)는 저서 『신의 언어』(The Language of God)에서 하나의 오차도 없는 이러한 신비에 대해 다음과 같이 설파합니다.

"이 우주는 중력 상수에서 약한 핵력과 관련된 다양한 상수가 천억 분의 일만큼의 오차도 없이 마치 인간이 나타날 줄 알고 기다린 것처럼 하나님은 지금 만들어졌다."

그렇습니다. 이 우주가 한 치의 오차도 없이 만들어진 것처럼, 하나님은 지금 딸아이의 몸속에서 한치의 오차도 없이 태아를 만들고 계십니다.

하나님께서는 이미 우리에게 꿈에서나 상상하고 짐작하며 구할 수 있는 것보다 훨씬 많은 것들을 완성해 가고 계십니다. 또한, 지금도 밖에서 강요하시지 않고 우리 안에서 깊고 온유하게 활동하시는 그분의 영을 통해 일하고 계십니다.

하나님과의 대화

하나님께서는 크리스천들과 직접 의사소통하기를 원하십니다. 성경에 보면 하나님과 직접 대화하는 장면들이 참 많이 나옵니다. 시편은 모두 다윗을 포함한 시편 저자들이 하나님과 나눈 대화록입니다. 여태까지 일방적 기도가 하나님과의 대화라고 생각했습니다. 그러나 막상 출애굽기에서 모세가 하나님과 소통하는 장면을 보면 상황은 전혀 다릅니다.

뒤로는 애굽 군대가 추격해 오고 앞은 홍해가 가로막고 있는 절박한 순간, 모세는 하나님께 간절히 부르짖었습니다.

"주여, 어찌하면 좋습니까? 하나님의 뜻대로 백성들을 인도하려 하니 홍해가 앞을 가로막고 있습니다. 제게 길을 열어주십시오."

그러자 하나님께서 즉시 대답하셨습니다.

> 여호와께서 모세에게 이르시되 너는 어찌하여 내게 부르짖느냐 이스라엘 자손에게 명령하여 앞으로 나아가게 하고 지팡이를 들고 손을 바다 위로 내밀어 그것이 갈라지게 하라 이스라엘 자손이 바다 가운데서 마른 땅으로 행하리라(출 14:15-16).

오늘 산을 오르며 이런 소통을 가능하게 하는 비밀 하나를 발견했습니다. 그 비밀은 바로 예수님입니다. 예수 그리스도를 통해 하나님과 대화할 수 있습니다.

우리는 아담 한 사람의 죄로 인해 하나님과 단절된 삶을 살아왔습니다. 그 단절된 삶을 연결시켜 준 분이 바로 예수님입니다. 바울은 이것을 다음과 같이 우리에게 전합니다.

> 예수께서 죽으셨을 때 그분은 자신과 더불어 죄를 끌어내리셨고, 다시 살아나셨을 때 그분은 하나님을 우리에게 내려오시게 하셨습니다. (…) 하나님은 여러분에게 모국어로 말씀하시며, 여러분은 그 말씀을 한마디도 놓치지 않습니다(롬 6:6-11, 메시지).

사도 바울은 또한, 로마서 8장의 말씀을 통해 하나님께 받은 부활 생명의 삶은 결코 소심하거나 무거운 삶이 아니고 기대 넘치는 모험의 삶이라고 합니다. 더불어 어린아이처럼 늘 하나님께 물어야 한다고 조언합니다.

"다음은 또 뭐죠, 아빠?"

한번은 산에 오르며 하나님과 끊임없는 대화를 이어 갔습니다. 일방적 기도가 아닌, 그분의 음성을 듣고 또 묻는 시간이었습니다. 그런 시간을 경험하자 의아한 생각이 들었습니다.

'아, 지금까지 나는 왜 이런 하나님을 몰랐을까?'

그러면서 하나님과 단절된 원인이 죄 때문이라는 것을 깨달았습니다. 더불어 그분이 그 죄를 몽땅 가져가심으로 다시 하나님과 대화할 수 있게 되었다는 사실도 이제야 깨닫고 있습니다.

하나님은 생명들의 미세한 움직임까지 영으로 말씀하고 계십니다. 이 기쁨의 산에서 그것이 영혼에 전해져 옴을 느낍니다. 박쥐가 인간들의 귀에는 들리지 않는 초음파를 내며 그 반향음을 듣고 살아가듯, 하나님의 음성에 주파수를 맞추어 그 소리를 듣고 다시 시온성을 향해 달려갑니다.

14

작은 믿음

믿음은 우리 눈에 보이지 않습니다. 믿음을 가져 보겠다는 의지가 있다고 해서 생기는 것도 아닙니다.

학창 시절에 있었던 화학 실험 시간이 생각납니다. 가는 시험관 안에 노란색 액체가 담겨 있었습니다. 스포이드로 노란색 물방울을 그 시험관에 한 방울씩 떨어트려 보았습니다. 한 방울, 두 방울… 다섯 방울까지는 아무런 변화가 없었습니다. 그런데 여섯 번째 방울을 떨어트리자 붉은색으로 바뀌고 말았습니다. 색이 바뀌는 그 지점의 값을 '역치'(Threshold)라고 합니다.

은혜도 마찬가지입니다. 작은 믿음은 색깔의 변화가 없었습니다. 그러나 은혜라는 물방울을 시험관 안으로 계속 떨어트리는 어떤 순간, 진정한 믿음으로 바뀌는 사람을 많이 보았습니다. 존 번연은 『천로역정』에서 '작은 믿음'이라는 사람을 등장시킵니다.

---

*크리스천*과 '소망'은 다시 길을 나섰습니다. 그런데 갑자기 *크리스천*의 머릿속에 한 사람이 떠올랐습니다.

"소망 씨! 그러고 보니 이 근처에 사는 착한 남자가 갑자기 생각났습니다. 그의 이름은 작은 믿음으로 그의 고향은 '성실'이었습니다. 우리와 같이 순례길을 가고 있던 작은 믿음은 우연히 거기 앉아 잠이 들고 말았습니다. 그때 넓은 문에서 내려오는 오솔길에 세 명의 포악한 건달들이 나타났는데, 그들의 이름은 '심약, 불신, 범죄'로 한 형제들이었습니다. 그 건달들은 작은 믿음이 있는 것을 보고 속력을 내어 달려왔습니다. 마침 그때, 작은 믿음은 막 잠에서 깨어나 순례길을 시작하려던 참이었습니다. 건달들은 그의 뒤를 쫓아가면서 위협했습니다. 작은 믿음은 겁을 집어먹고 도망칠 힘도 다 잃고 말았습니다. 결국, 작은 믿음은 돈을 빼앗기고, 건달들에게 두들겨 맞고 쓰러졌습니다."

"그들이 작은 믿음이 가진 재산을 다 빼앗아 가지 않았습니까?"

"아닙니다. 그가 보석을 감추었던 곳은 그들이 뒤지지 않았기 때문에 그것들은 무사했지요. 그러나 제가 들은 바에 의하면, 그 착한 사람은 자기 생활비의 대부분을 잃어버렸기 때문에 많은 고생을 했답니다."

"참 놀라운 일이군요. 강도들이 그것을 빠뜨리고 가기는 했지만, 작은 믿음이 그것을 잘 숨겨서 그렇게 된 것이 놀랍지 않습니까? 왜냐하면, 그는 강도들이 오는 것을 보고 하도 낙담하여 어떤 것을 숨길 만한 힘과 재주를 발휘할 수 없었기 때문입니다."

"그건 그래요, 그렇지만 작은 믿음이 그 좋은 것을 잃어버리지 않은 이유는 자기 노력 때문이라기보다는 선하신 섭리 덕분이라고 할 수 있습니다."

소망은 작은 믿음에 대해 이렇게 정리했습니다.

"작은 믿음은 진실하지만 안타깝게도 연약한 믿음의 소유자였군요. 그는 늘 깨어서 조심하지 못하며, 세상이 제시하는 길에 흔들리고, 사탄의 횡포에 시달리며 그 덫에 걸리기에 십상인 우리 이웃들의 믿음이 될 수 있겠군요."

작은 믿음의 사람들

『천로역정』에 등장하는 작은 믿음이 바로 나 자신이었음을 고백하지 않을 수 없습니다. 성경에는 예수님의 제자들이 소유했던 작은 믿음에 대한 모습이 자주 등장합니다.

작은 믿음(2022)

가장 대표적인 인물은 도마입니다. 그는 예수님의 부활을 인정하지 않았습니다. 못 자국을 만지고 나서야 예수님을 믿었습니다. 그런 도마에게 예수께서 말씀하셨습니다.

> 너는 나를 보았기 때문에 믿느냐? 나를 보지 않고도 믿는 사람은 복이 있다(요 20:29, 새번역).

베드로는 예수를 따를 때만 해도 작은 믿음의 소유자였습니다. 세 번이나 예수님을 모른다고 부정했고, 파도치는 갈릴리 바다 위를 걸었을 때도 그랬습니다. 잠시나마 베드로가 배 밖으로 나와 물 위를 걸을 수 있었던 것은 베드로를 부르시는 주님의 말씀을 믿었기 때문이었습니다. 그러나 베드로는 바다 위를 아주 잠깐만 걸을 수 있었습니다. 바다에 불고 있는 바람을 보고 무서웠기 때문입니다. 물속으로 빠져 가며 베드로는 소리쳤습니다.

> 주여 나를 구원하소서(마 14:30).

이때 예수님은 "즉시 손을 내밀어 그를 붙잡으시며"(마 14:31) 그를 나무라셨습니다.

> 믿음이 작은 자여 왜 의심하였느냐(마 14:31).

주님은 세상 방식으로 두려움에 사로잡혀 살지 말라고 하십니다.

의심 많은 도마(2023)

"두려워 말라. 와서 나를 따르라. 내가 있는 곳을 보라. 나가서 복음을 전하라. 하나님 나라가 가까웠느니라. 내 집에 거할 곳이 많도다. 나아와 창세로부터 너희를 위해 예비된 나라를 상속하라"고 말입니다.

크리스천으로 살고 있지만 안팎의 두려움, 불안, 걱정, 잡생각 없이 지나가는 날은 우리 인생에 거의 하루도 없습니다. 이런 어두운 세력은 거기서 완전히 벗어나기가 불가능할 정도로 우리 세상 구석구석에 파고들어 있습니다. 이런 세상을 살아가고 있는 나에게도 예수께서 이렇게 말씀하십니다.

"믿음이 작은 사람아, 왜 의심하였느냐?"

그날 베드로에게 하셨던 그 말씀이 내 귓가에도 생생히 들려옵니다.

어느 날, 아침이었습니다. 잠자리에서 일어나, 성경에 등장하는 작은 믿음의 사람 하나를 수채화로 그렸습니다. 바로 니고데모입니다. 이 사람을 그린 이유는 한때 니고데모처럼 살았기 때문입니다. 성경에 보면 니고데모는 예수님을 믿지 않는 사람이 아니었습니다. 그는 사회적 지위와 체면 때문에 전폭적으로 예수님을 영접하지 못한 사람이었습니다. 그런 그가 밤에 예수님을 찾아와 고백했습니다.

> 랍비여, 우리가 당신은 하나님께부터 오신 선생인 줄 아나이다 하나님이 함께하시지 아니하시면 당신이 행하시는 이 표적을 아무도 할 수 없음이니이다(요 3:2).

믿음이 작은 자여!(2022)

니고데모의 이 말을 필두로 예수님과의 대화가 이어집니다.

> 예수께서 대답하여 이르시되 진실로 진실로 네게 이르노니 사람이 거듭나지 아니하면 하나님의 나라를 볼 수 없느니라 니고데모가 이르되 사람이 늙으면 어떻게 날 수 있사옵나이까 두 번째 모태에 들어갔다가 날 수 있사옵나이까 예수께서 대답하시되 진실로 진실로 네게 이르노니 사람이 물과 성령으로 나지 아니하면 하나님의 나라에 들어갈 수 없느니라 육으로 난 것은 육이요 영으로 난 것은 영이니 내가 네게 거듭나야 하겠다 하는 말을 놀랍게 여기지 말라(요 3:3-7).

니고데모는 그 당시 부유하고 저명한 사람이었습니다. 예루살렘에서 꽤 유명한 인물이기도 했습니다. 그는 바리새인으로 이미 수많은 민중이 예수를 따르고 있다는 소문을 익히 듣고 있었습니다. 그가 사람들의 시선을 피해 밤을 택해 예수님을 찾은 이유도 그 때문이었습니다. 그런 그가 예수님께 동문서답으로 답했습니다. 지성인인 그는 분명 예수께서 하신 말씀의 의미를 알고 있었을 것입니다. 그러나 그 순간, 어리석은 사람처럼 행동했습니다. 예수님을 존경하고 그분의 말씀을 따르고 싶지만, 예수를 믿는 사람으로 낙인찍히는 것은 두려웠습니다.

이런 니고데모의 모습에서 나를 발견합니다. 동물학 연구와 황새 복원, 교육과 강연 계획이 하나님의 영광을 위해서라기보다는 내 영광을 위한 것임에도 그것들을 포기할 뜻이 없었으니까요.

예수를 찾은 니고데모(2022)

삶의 중심에 들어오신 예수

물리학을 전공하는 동료 교수가 있었습니다. 그는 진실하고 평판이 좋은 사람이었습니다. 그에게 '하나님이 계심을 믿는지'에 관한 말을 꺼내며 질문을 이어 갔습니다.

"독일의 물리학자인 칼폰 바이츠제커를 아세요?"

이 사람을 언급한 이유는 그가 물리학자이기 때문이기도 했지만 유학 시절에 독일 대통령이 그의 동생 리차드폰 바이츠제커였기 때문입니다. 그는 나에게 이렇게 대답해 주었습니다.

"칼폰 바이츠제커는 항성 내부에서의 핵융합에 대한 연구를 한 세계적 물리학자이자 철학자이죠. 그리고 그는 독일의 괴팅겐 막스 플랑크연구소에도 근무했는데, 개신교도인 물리학자죠."

동료 물리학 교수는 지금과 같이 인공지능을 가진 웹 검색을 통해 말해 준 것이었습니다. 이어진 그의 말에는 더욱 관심이 쏠렸습니다.

"노벨 물리학상을 받았거나 세계적으로 유명한 물리학자들 가운데 약 절반 정도가 신앙이 있죠."

지구상에서 최고의 두뇌를 가진 물리학자들이 이렇게 많이 '하나님의 계심'을 믿고 있다는 사실에 적잖이 놀라지 않을 수 없었습니다. 지금까지 알고 있기로는 자연과학자이지만 생물학을 전공하고 있는 동업자 중에 '하나님의 계심'을 믿는 사람이 훨씬 적었기 때문입니다.

자연과학 분야에서 물리학 전공자들 중 의외로 신앙인이 많다는 사실은 스티븐 호킹 박사의 인터뷰 기사에서 힌트를 발견할 수 있습니다. 그는 빅뱅 이론으로 우리에게 잘 알려진 물리학자입니다. 호킹 박사는 스스로 무신론자라고 하면서, 하나님의 존재를 인정하는 말을 한 적이 있습니다.

그가 고인이 되기 전, 2018년에 진행한 언론과의 인터뷰에서 기자가 호킹 박사에게 물었습니다.

"하나님의 계심을 믿으십니까?"

그는 대답을 거부했습니다. 기자가 이유를 묻자, 호킹은 이렇게 대답했습니다.

"내가 하나님이 계심을 믿는다고 말하면, 모든 사람이 내가 자신들이 믿는 하나님과 동일한 하나님을 믿는다고 주장할 것이기 때문입니다."

하지만 오히려 그는 '우주가 과학의 법칙에 의해 운영된다는 사실을 믿는다'면서 '이 법칙은 하나님이 놓았을 것이다. 그러나 하나님은 이 법칙이 깨지도록 간섭하지는 않는다'라고 즉답을 피해 갔습니다. 그러면서 덧붙여 말했습니다.

"빅뱅과 같은 요인으로 우리가 사는 우주 비슷한 게 나올 가능성은 정말 희박합니다. 그런 의미에서 신앙적인 의미가 있는 게 틀림없습니다."

또 다른 인터뷰에서는 이렇게 이야기했습니다.

"우리와 같은 존재를 창조하기로 마음먹은 하나님의 솜씨라는 것 말고는 우주가 꼭 이런 식으로 시작되었는지 그 까닭을 설명하기 어려울 것입니다."

동료 물리학과 교수의 가족들이 교회에 출석하는 것을 보면 그도 무신론자는 아니었습니다. 우리 주변 사람들 가운데 의외로 존 번연이 『천로역정』에 등장시킨 '작은 믿음'과 같은 인물이 많은 것 같습니다. 물리학을 전공하는 동료 교수도 이런 생각을 갖고 있었습니다.

'하나님이 계심은 확률로 50퍼센트, 기왕이면 믿고 천국 가는 게 낫지 않겠는가!'

그가 예수를 믿는다는 것을 일종의 보험 정도로 생각하는 작은 믿음을 가진 자가 아니길 바랍니다.

"당신 삶의 중심은 누구요?"

누군가 이렇게 묻는다면 망설임 없이 이런 대답을 할 수 있을까요?

"나를 불러 따라오게 하신 예수님입니다."

우상과 체면을 버리고 신앙공동체의 온전한 일원이 되려고 하는 수고와 오직 예수님만 따르기로 하는 수고가 오롯이 내 육신에 스며들길 바라고 또 바랍니다.

15

무신론자와 무지

어느덧, 『천로역정 사람들』 집필이 종착지를 향하고 있습니다. 존 번연은 '무신론자'와 '무지'를 함께 등장시키고, 나는 제주도에 있는 성 이시돌 순례길을 걷습니다.

소망과 크리스천이 앞을 바라보니 잘못된 방향으로 한 사람이 걸어오고 있었습니다. 그 사람의 이름은 무신론자였습니다.

"우리는 시온산을 향해 가고 있는데, 당신은 어디로 가고 있습니까?"

크리스천이 먼저 무신론자에게 말을 걸었습니다.

"나도 한때는 너희들처럼 하늘의 왕국을 찾아다녔단다. 근데, 그런 건 없어!"

"이 세상 너머를 보셔야 합니다. 하늘의 왕국은 이 세상에 너머에 있어요."

"내가 길에서 무지라는 사람을 만났었지. 그는 너희들의 종교에 대해서 참 흥미로운 말을 하더군. 그는 그리스도를 믿는 것이 하늘의 왕국에 갈 수 있는 길이라고 믿는 것이 참으로 웃기다고 하더군. 왜냐면 우리는 그냥 믿는다고 입으론 말하고, 삶은 여전히 사악할 수 있기 때문이지. 그러고도 천국에 가고!"

무신론자의 말을 들은 소망이 말을 이어 갔습니다.

"그의 이름이 무지라고 했나요? 아, 그 사람이라면 그렇게 말하고도 남습니다. 그러나 진짜 그리스도인이라면 삶을 통해서 그것을 증명합니다. 어떤 사람들은 자신의 삶을 종교라는 규칙적인 삶과 의식을 통해서 외식하며 살기도 하겠지만, 마지막 때에는 그런 사람은 왕국 문 앞에서 쫓겨나게 될 것입니다. 하나님은 누가 자신의 자녀인지를 아시지요."

다시 *크리스천*이 말했습니다.

"성경에 '행동이 없는 믿음은 죽은 믿음'(약 2:26)이라는 말씀이 있죠. 우리의 행동이 우리를 구원해서가 아니라 진짜 믿음은 진실한 행동으로 열매 맺게 되기 때문입니다. 그래서 진짜 믿음은 형편없는 우리의 삶을 고쳐줍니다."

소망이 덧붙입니다.

"그렇습니다. 하나님은 사람의 마음을 살피시는 분입니다. 하나님이 사람의 위선에 속으실까요?"

크리스천과 소망의 말을 들은 무신론자는 그들을 조롱하며, 그의 길을 갔습니다.

"나도 지금까지 천국을 찾아 여기까지 왔지만, 그게 다 헛수고란 걸 이제 깨달았네. 그래서 난 예전의 즐겼던 길로 다시 돌아가야겠어. 그럼, 자네들이나 천국을 찾아가 보게!"

성 이시돌 순례길 |

순례길을 걷다 보면 간혹 무신론자와 무지를 만납니다. 그들은 한결같이 하나님은 없다고 주장합니다. 또한, 그들은 예수는 헛것이고 하나님은 존재하지 않는다며 조롱합니다. 이런 조롱은 나에게만 국한된 것이 아닙니다. 시편의 저자들도 이런 조롱을 당했습니다.

무신론자와 무지(2022)

> 사람들이 날이면 날마다 나를 보고 "너의 하나님이 어디 있느냐?" 하고 비웃으니, 밤낮으로 흘리는 눈물이 나의 음식이 되었구나. (…) 내 영혼아, 네가 어찌하여 그렇게 낙심하며, 어찌하여 그렇게 괴로워하느냐? 너는 하나님을 기다려라. 이제 내가, 나의 구원자, 나의 하나님을, 또다시 찬양하련다(시편 42:3-5, 새번역).

이런 현실 속에서 사도 바울의 말씀을 힘입어 다시 순례길에 나섭니다.

> 십자가의 도가 멸망하는 자들에게는 미련한 것이요 구원을 받는 우리에게는 하나님의 능력이라(고전 1:18).

제주도에 방문하면 항상 들르는 곳이 하나 있습니다. 바로 성 이시돌 순례길입니다. 늦은 나이에 제주도에서 잠시 성 이시돌 순례길을 걸어 봅니다. 순례길이라고 하면 우리는 으레 산티아고 순례자의 길을 떠올립니다. 나 역시 그렇게 제주도를 많이 방문했지만 제주도에 순례길이 있다는 사실을 알지 못했습니다.

성 이시돌(Isidore)은 스페인 마드리드 출생의 농부이며 가톨릭 성인(축일, 5월 15일)인 농부 이시도르(라틴어 *Isidorus*)에서 유래되었다고 합니다. 그곳에 가면 2,000년 전 예수의 공생애를 다룬 조형물들을 만날 수 있습니다.

예수께서 십자가에 못 박히시기 전날의 조각상은 너무 끔찍해서 그 앞에 오래 머물 수가 없었습니다. 살아 계신 예수를 십자가 위에 누인 채

대못을 그의 손바닥 위에 대고 박고 있는 장면입니다. 예수님의 얼굴에서는 인간이 겪을 수 있는 가장 처절한 고통을 읽을 수 있었습니다. 한 병사가 오열을 참지 못하고 예수께로 다가서려는 한 여인을 저지하는 장면도 있었습니다.

2,000년 전, 그 현장에 있었다면 어떻게 했을까요?

평소에 잔인한 장면을 보지 못하는 편이라 아마 그 자리에서 기절했을지도 모르겠습니다.

이시돌 순례길을 걷다 보니 예수께서 두 죄수 사이에서 십자가 처형을 받는 장면이 눈에 들어왔습니다. 지금으로부터 2,000년 전에 주님은 두 죄수와 함께 골고다 언덕 위에서 십자가에 매달려 죽으셨습니다. 성경은 이 장면을 이렇게 기록하고 있습니다.

> 다른 죄수 두 사람도 사형을 받으러 예수와 함께 끌려갔다.
> 해골 언덕이라는 곳에 이르러, 그들이 예수를 십자가에 못 박았다. 두 죄수도 하나는 그분 오른쪽에, 다른 하나는 왼쪽에 못 박았다.
> 예수께서 기도하셨다. "아버지, 이 사람들을 용서해 주십시오. 이 사람들은 자기들이 무슨 일을 하는지 모릅니다."
> (…)
> 예수의 머리 위에는 '이 사람은 유대인의 왕'이라고 쓴 팻말이 붙어 있었다.

골고다의 예수와 두 죄수(2021)

예수의 시신을 거두는 사람들(2022)

부활하신 예수와 베드로(2022)

함께 달린 죄수 가운데 한 사람도 그분을 저주했다. "너는 대단한 메시아가 아니냐! 너를 구원해 보아라! 우리를 구원해 보라고!"

그러나 다른 죄수가 그의 말을 막았다. "너는 하나님이 두렵지도 않으냐? 이분은 너와 똑같은 일을 당하고 있다. 우리야 처벌받는 것이 마땅하지만, 이분은 그렇지 않다. 이분은 이런 처벌을 받을 만한 일을 하신 적이 없다."

그리고 나서 그가 말했다. "예수님, 당신의 나라에 들어가실 때에 저를 기억해 주십시오."

예수께서 말씀하셨다. "걱정하지 마라. 내가 그렇게 하겠다. 오늘 네가 나와 함께 낙원에 있을 것이다."

어느덧 정오가 되었다. 온 땅이 어두워졌고, 그 어둠은 이후 세 시간 동안 계속되었다. 칠흑 같은 어둠이었다. 성전의 휘장 한가운데가 찢어졌다. 예수께서 큰소리로 부르짖으셨다. "아버지, 내 생명을 아버지 손에 맡깁니다!" 그 말을 하시고 예수께서 숨을 거두셨다(눅 23:32-46, 메시지).

'나는 과연 한 죄수처럼 예수님께 날 온전히 맡기고 있는가?'

생각에 빠져 봅니다. 지금 내게 중요한 것은 예수님께서 우리 죄를 위해 십자가를 지셨다는 것을 믿는 순간, 새 생명을 얻게 됨입니다.

이것이 어떻게 가능할까요?

어찌 보면 너무 불공평하게 보일 수 있습니다. 지금까지 죄수로 살았던 사람인데, 한순간에 한 고백만으로 천국에 갈 수 있다니요?

세속 종교들은 몸과 마음의 깊은 수양이나 착한 일을 많이 하면 낙원에 갈 수 있다고 믿습니다. 그러나 기독교는 그렇지 않습니다. 예수님과 함께 십자가에 달린 죄수처럼 한순간의 고백만으로도 낙원에 갈 수 있다는 사실을 깨닫기만 하면 됩니다.

존 번연의 『천로역정』에 나오는 '작은 믿음'은 비록 세상에서 흔들리는 삶을 살았지만, 자신의 공로가 아닌 오직 하나님을 믿는 믿음이 있었습니다. 이에 이렇게 고백해 봅니다.

"나를 사랑하시고 나를 위해 자기 목숨을 내어주신 하나님의 아들을 믿는 믿음 주심을 감사합니다."

이 고백을 끝으로 십자가 처형 장면이 있는 순례길을 뒤로하고, 방금 십자가에서 돌아가신 예수님의 시신을 아리마대가 고향이 요셉이라는 사람이 수습하는 장면으로 이동했습니다. 그 앞에 서니 여러 생각이 떠오릅니다.

'예수님이 십자가형을 당하고 이대로 끝나는구나. 그냥 역사에 성인으로 태어나셔서 돌아가셨구나.'

이런 생각을 한 까닭은, 돌아가신 예수님의 그 모습은 세상을 구하기 위해 왕으로 오심과 전혀 다른 모습이었기 때문입니다.

제자들 앞에서 하늘로 오르시는 예수(2022)

그러나 역사는 반전을 일으킵니다. 예수님이 3일 만에 부활하셨습니다. 3일이면 생물학적으로 시신이 부패하기 시작합니다. 그러나 예수님은 멀쩡한 몸으로 제자 도마에게 나타나 못 자국을 확인시키며 손을 내미셨습니다. 더불어 예수님만 따라다녔던 제자 베드로도 찾아가 함께 식사하셨습니다. 엠마오로 가는 제자들에게도 나타나셨습니다. 성경에는 이렇게 40일 동안 제자들과 함께한 뒤 제자들이 보는 앞에서 하늘로 올라가신 예수님의 행적이 기록되어 있습니다.

그렇게 승천하셨다고 해서 끝이 아니었습니다. 제자들에게 자신이 살았던 삶을 똑같이 살아 주길 부탁하셨습니다. 그냥 말로만 부탁하신 것이 아닙니다. 오순절 다락방에 모인 제자들에게 성령으로 임하셨습니다. 이것은 한 자연과학자의 이성과 지식으로는 이해할 수 없는 하나님이 보내신, 지금도 살아 움직이는 성령의 역사이자 은혜입니다. 이 장면들이 하나하나 한지 위에 옮겨질 때마다 내 영혼이 오롯이 성령과 은혜로 만져지고 있음을 느낍니다.

16

뿔라의 땅

우리기 사는 현실 위에 태산처럼 우뚝 솟아 있는 거대한 실제는 바로 "하나님은 사랑이시라"(요일 4:16)는 사실, 곧 하나님이 이 세상을 사랑하신다는 사실입니다. 이 사랑은 우리가 매일같이 마주하고 다루는 현실의 작은 일 하나하나에까지 모두 스며들어 있습니다. 그분의 지극한 사랑을 "뿔라"(Beulah, 사 62:4)의 땅에서 발견합니다. 속세에서 쓰는 문장 하나가 떠오릅니다.

'내가 내일 죽는다 해도 여한(餘恨)이 없다.'

솔직히 이 말을 좋아하지 않습니다. 그러나 지금 이 '뿔라의 땅'을 걷고 있는 한, 이 말만 한 것이 없습니다. 그 이유는 하나님이 나와 우리 모두를 엄청나게 많이 사랑하고 계시다는 사실 때문입니다.

두 순례자는 '마법의 땅'에 들어섰습니다. 이상하게 마법의 땅에서는 졸음이 마구 쏟아졌습니다. '목자'들이 조심하라고 일러 준 땅이기에 두 사람은 서로 졸음을 참아가며 '뿔라의 땅'에 들어갔습니다.

그곳에는 새들이 계속 노래하였고 땅은 꽃으로 덮여 있었으며 비둘기의 울음소리도 들렸습니다. 이 땅에는 해가 밤낮으로 빛났습니다. 이곳은 천국의 경계 땅으로, 순례자들은 달콤한 휴식을 즐겼습니다. 그리고 그들은 천성에서부터 울려 나오는 커다란 음성도 들을 수 있었습니다.

> 너희는 딸 시온에게 이르라 보라 네 구원이 이르렀느니라 보라 상급이 그에게 있고 보응이 그 앞에 있느니라(사 62:11).

드디어 이들 앞에 천성문이 보이기 시작했습니다. 그런데 그 앞에는 급류가 흐르는 강이 놓여있었습니다. 갑자기 천사의 음성이 들렸습니다.

"천성문으로 가려면 죽음의 강을 건너야 합니다. 하늘 문에 닿기 전, 마지막 관문입니다."

크리스천이 물었습니다.

"아무것도 보이지 않는데, 어떻게 걷는단 말인가요? 건너기 좋을 만한 장소를 골라야 하지 않겠어요? 어떻게 건널지 계획도 좀 세우고… 또 돌아갈 길은 없나요?"

다시 천사가 대답했습니다.

"발을 딛기 전까지는 강이 보이지 않을 거요. 돌아갈 길도 없고, 당신들이 지나가야만 하는 길입니다."

거룩한 황홀함

인생의 황혼기에 접어들었습니다. 이 시기는 크리스천으로 뿔라의 땅에서 휴식과 영적인 충전이 필요한 때입니다. 천천히 순례길을 걷고 있자니, 잎이 무성한 느티나무 사이로 꾀꼬리 두 마리가 자웅을 겨루는 모습이 포착됐습니다. 그것은 한 생명체에서 일어나는 황홀한 순간이었습니다.

현대 과학자, 특히 동물행동학자들은 이것을 외부 자극과 내부 자극인 호르몬과의 상호작용에 의해 이루어진다고 설명합니다. 지금도 지구라는 이 행성은 태양의 주변을 시속 10만 킬로미터가 넘는 빠른 속도로 돌고 있습니다. 그것도 365일을 주기로 천지가 창조된 이후 한 번도 멈추지 않고 돌고 있습니다.

태양과 조금씩 가까워지는 시기에 빛의 양이 조금씩 늘어나면서 이 빛은 꾀꼬리의 시각(눈)을 통해 뇌하수체를 자극합니다. 뇌하수체는 가는 혈관을 통해 성선자극호르몬을 내보냅니다. 이 호르몬은 다시 생식기에 도달하여 성호르몬의 분비로 이어집니다. 과학자들은 이를 '웅성호르몬'이라고 부릅니다. 이 웅성호르몬이 수컷을 노래하게 만듭니다.

이 노랫소리를 귀로 들은 암컷은 수컷과 짝짓기할 준비 태세를 갖추고 둥지 짓기에도 관심을 쏟습니다. 이때 암컷의 몸속에는 황홀함으로 이끄는 호르몬이 흐릅니다. 그런 과정을 통해 암수가 자웅을 겨루면서 황홀경에 빠져들게 됩니다. 암컷은 다시 둥지를 만들고 싶은 호르몬인 프로락틴을 분비하고, 가슴 깃털이 빠지면서 맨살이 드러납니다. 이때 어미는 알을 낳고 깃털이 빠진 맨살을 대고 어미의 따듯한 열기를 발산합니다. 그동안 이 새들의 몸속에서 황홀한 현상이 일어나고 있다는 사실을 우리는 모르고 살고 있습니다.

이것은 태초에 하나님이 이 생명체를 지으신 시점부터 일어난 일입니다. 아가서에서 우리는 이 땅을 창조하신 하나님의 지극한 사랑의 황홀함을 읽을 수 있습니다.

뿔라의 땅 사람들 (2023)

뿔라의 땅 위의 꽃과 새(2016)

> 겨울도 지나고 비도 그쳤고 지면에는 꽃이 피고 새가 노래할 때가 이르렀는데 비둘기의 소리가 우리 땅에 들리는구나 무화과나무에는 푸른 열매가 익었고 포도나무는 꽃을 피워 향기를 토하는구나 나의 사랑, 나의 어여쁜 자야 일어나서 함께 가자 (아 2:11-13).

하나님의 사랑은 이처럼 너무도 지극하고 섬세합니다.

산속 옹벽 돌 틈새로 작은 새 한 마리가 들어가는 것을 목격했습니다. 아무도 눈여겨볼 수 없는 아주 작은 공간입니다. 그 공간은 너무 작아 주변의 들고양이마저 범접할 수 없는 곳이었습니다. 그때 막 어른 엄지손가락 크기도 안 되는 진박새 흰 마리가 부리에 파란 이끼 조각을 물고 있었습니다. 곧 돌 틈새로 자취를 감추자, 좁쌀 크기만 한 진박새의 눈만 돌틈 사이로 반짝거렸습니다. 파란 이끼 조각은 이제 곧 알에서 깨어나올 새끼들에게 습도를 조절해 주는 역할을 합니다.

과학자들은 그것을 '자연 적응 행동'이라고 합니다. 이것은 건조한 계절에 아기가 자고 있는 방 안에 가습기를 켜두는 것과 같은 이치입니다. 하나님은 이처럼 작은 생명체를 만드시고 이런 삶의 지혜를 허락하실 정도로 섬세한 사랑을 베풀고 계십니다.

영국의 신학자이자 유명한 설교가였던 존 스토트(John Stott)는 그의 책 『새, 우리들의 선생님』(*Birds our Teachers*)에서 하나님이 까마귀를 먹이시는 것에서 믿음을, 황새가 이동하는 것을 보고 회개를, 독수리가 나는 것을 보며 자유를, 종달새의 노랫소리를 들으면 기쁨을 배운다고 서술합니다.

꾀꼬리가 자웅을 겨루는 모습에서 나는 이 땅에 아직 죄가 들어오지 않은 시기에 살던 아담과 이브의 모습을 봅니다.

어느 날 이 행성에는 죄가 들어왔습니다. 성경은 사도 바울을 통해 이 땅에 죄를 들여온 주체가 바로 아담이라고 적고 있습니다.

> 한 사람이 잘못을 범해 우리 모두가 죄와 죽음이라는 곤경에 처하게 된 것처럼
> (롬 5:18, 메시지).

이로써 하나님이 태초에 만드신 천국과도 단절되었습니다. 그 단절을 다시 회복시켜 주신 분이 바로 예수 그리스도이십니다. 인생이란 순례길을 걷고 있는 지금 이 순간, 그 단절을 거두시고 우리를 위해 아낌없는 사랑을 주신 바로 그분을 만납니다.

성 이시돌 순례길 II

성 이시돌 순례길을 걷다 보니 어느새 발걸음은 예수께서 시각장애인의 눈을 뜨게 한 공생애의 한 장면 앞에 멈춰 섰습니다. 이 조형물 앞에서 스케치북을 펴 들고 주님께서 병자를 치료하셨던 지난 2,000년 전의 사

소경을 치유하시는 예수 (2023)

건을 담아 봅니다(요 9:1-7).

예수께서 소경 된 사람을 보시고, 흙에 침을 뱉어 그것으로 반죽을 이겨서 눈먼 사람의 눈에 바르고 말씀하셨습니다.

"실로암 연못에 가서 씻으라."

말씀대로 하자, 그 사람은 앞을 보게 되었습니다. 이것은 예수께서 하나님의 아들이 아니면 정말 할 수 없는 일입니다.

성경에 보면 이 사람은 날 때부터 소경이었습니다. 요즘처럼 녹내장이나 백내장을 앓고 있는 환자도 아니었습니다. 망막의 신경세포 어디에선가 선천적 장애로 태어난 사람이었을 겁니다. 그러니 현대 의학으로도 치료 불가능한 환자였습니다. 이런 환자에게 예수께서는 침을 뱉어 이긴 진흙을 눈에 바른 후 연못에 가서 씻으라고 하신 겁니다.

제자들은 태어날 때부터 소경 된 이 사람을 보고 예수께로 와서 질문했습니다.

> 선생님, 이 사람이 눈먼 사람으로 태어난 것이, 누구의 죄 때문입니까? 이 사람의 죄입니까? 부모의 죄입니까?(9:2, 새번역).

예수님은 소경 된 이유에 대해 뜻밖의 대답을 하셨습니다.

> 이 사람이 죄를 지은 것도 아니요, 그의 부모가 죄를 지은 것도 아니다. 하나님께서 하시는 일들을 그에게서 드러내시려는 것이다(9:3, 새번역).

이처럼 예수님은 그 사람이 소경 된 이유를 특정한 죄로 인한 징벌이 아니라 하나님의 영광과 빛이신 예수님을 사람들에게 소개하기 위함이라고 설명해 주셨습니다.

예수님은 소경의 눈을 뜨게 한 표적 말고도, 문둥병과 혈루증을 고치시고, 앉은뱅이를 일으키는 기적도 행하셨습니다. 성경에서 병자를 고치시는 예수님의 사역을 목격하면서 주님께 한 가지 묻고 싶은 게 생겼습니다.

"주님, 제게도 이런 치유의 능력을 주실 수 있나요?"

이 질문에 대한 답은 성경에서 찾을 수 있었습니다. 예수께서 승천하신 후 오순절에 제자들이 다락방에 모여 열심히 기도하고 있을 때, 이런 능력이 내려졌기 때문입니다. 이에 우리도 기도하고 간구하면 제자들처럼 치유 능력을 받을 수 있다고 믿습니다. 그러나 예수께서 기적을 행하신 목적을 살펴보면 단순히 병을 고치신 게 아니었습니다.

한 사람이 소경 된 이유를 묻는 제자들의 질문에 예수께서 한 대답을 보면 이를 알 수 있습니다. 예수께서는 하나님의 존재와 그분의 영광을 드러내기 위해 치유하셨습니다.

혈우병 여인(2022)

예수님의 공생애를 묵상하던 중, 제자의 발을 씻기시는 예수님의 모습을 보았습니다. 그때 주님께서 나의 발도 씻기시는 것을 느꼈습니다. 말씀이신 주님은 지친 내 두 발을 씻기려고 육신이 되셨습니다. 그분은 땅에 닿는 몸의 바로 그 부위를 만져 주셨습니다. 무릎을 꿇고 손으로 발을 씻기시던 주님은 고개를 들어 내게 눈을 맞추며 말씀하십니다(요 13:13-17).

"내가 네 발을 씻어 주었으니, 이제 너도 네 이웃의 발을 씻어 주어야 한다. 내가 네게 모범을 보였으니 너도 내가 한 그대로 해라. 복된 삶을 살아라."

예수께서는 이렇게 겸손하게 사는 크리스천의 삶을 직접 보여주셨습니다.

<제자의 발을 씻기시다>라는 그림을 그리고 글을 쓸 때, 몸속에 전립선 암세포가 자라고 있다는 사실을 알게 됐습니다. 시한부 암 선고를 받았지만 '이제 내 몸도 죽음의 강에 한 발짝 더 다가서고 있구나'라는 생각을 했습니다. 그런데도 어느 정도 예상했던 일이라 마냥 슬픔에 빠져있을 수는 없었습니다.

헨리 나우웬(Henri J.M. Nouwen)은 우리 앞에 무릎 꿇으신 주님을 보고 이런 글을 썼습니다.

제자의 발을 씻기시다(2024)

"그리스도의 몸과 연합을 통해 비로소 나는 내 몸의 온전한 의미를 알게 된다. 내 몸은 쾌락과 고통의 시한부 도구 훨씬 이상의 것이다. 내 몸은 하나님께서 신성의 충만한 영광을 드러내려 하시는 집이다. 그러므로 우리 몸과 다른 이들의 몸에 베풀어진 돌봄은 진정 영적인 행위다. 그것을 통해 우리 몸이 영광스러운 체험에 더 가까워지기 때문이다."

크리스천의 사랑

마지막 순례길 위에서 시한부 삶을 살아가는 내게 주님은 특별한 사랑을 베풀어 주고 계십니다. 순간순간의 삶을 통해 '네 이웃을 더욱 사랑하라'고 하십니다. 그래서 크리스천들은 기독교의 믿음, 소망, 사랑이라는 덕목 가운데 사랑을 믿음과 소망보다 더 으뜸으로 꼽고 있습니다.

사람들은 자비를 베푸는 것이 사랑의 전부인 양 오해합니다. 물론, 자비를 베푸는 마음도 중요합니다. 그러나 지나치게 감정이 강조될 수 있어 논란이 됩니다. 우리 시대 최고의 기독교 변증가 C.S. 루이스는 『순전한 기독교』(Mere Christianity)에서 크리스천의 사랑을 다음과 같이 정의합니다.

"감정의 상태가 아닌 의지의 상태로, 우리 자신에 대한 사랑은 본능적으로 가지고 있지만, 남에 대한 사랑은 배워서 익혀야 합니다."

크리스천이라면 여기서 잠깐, 그의 말에 귀 기울일 필요가 있습니다.

> 크리스천들의 사랑은 의지(Will)의 문제입니다. 하나님의 뜻을 행하려고 노력한다면 "주 너의 하나님을 사랑하라"(마 22:37)는 말씀에 순종하고 있는 것입니다. 하나님이 원하신다면 사랑의 감정을 주실 것입니다. 그러나 우리 스스로 그 감정을 만들어 낼 수는 없으며, 또 우리에게는 그런 감정을 달라고 요구할 권리도 없습니다. 그러나 잊지 말아야 할 중요한 사실은, 우리의 감정은 있다가도 없어지는 것이지만, 우리를 향한 하나님의 사랑은 절대 그렇지 않다는 사실입니다.
> ― C.S. 루이스, 『순전한 기독교』, 209쪽.

사도 바울은 고린도전서에서 크리스천들에게 사랑의 실천 목록을 제시합니다.

> 사랑은 절대 포기하지 않습니다.
> 사랑은 자기보다 다른 사람에게 더 마음을 씁니다.
> 사랑은 자기가 갖지 못한 것을 바라지 않습니다.
> 사랑은 뽐내지 않으며
> 자만하지 않으며
> 다른 사람에게 자신을 강요하지 않으며
> "내가 먼저야"라고 말하지 않으며
> 화내지 않으며

다른 사람의 죄를 꼬치꼬치 따지지 않으며

다른 사람이 비굴하게 굴 때 즐거워하지 않으며

진리가 꽃피는 것을 보고 기뻐하며

무슨 일이든지 참으며

하나님을 늘 신뢰하며

언제나 최선을 구하며

뒷걸음질하지 않으며

끝까지 견딥니다(고전 13:4-7, 메시지).

하나도 쉬운 것이 없습니다. 우리를 사랑하고 계신 하나님을 사랑하기에, 바울의 이 말을 암송하며 실행해 보고자 합니다. 이런 마음으로 이 순례길에서 CCM 찬송 한 곡을 부르며 뿔라의 땅을 걸어 봅니다.

"사랑은 언제나 오래 참고, 사랑은 언제나 온유하며, 사랑은 시기하지 않으며, 자랑도 교만도 아니하며-. 사랑은 무례히 행치 않고, 자기의 유익을 구치 않고, 사랑은 성내지 아니하며 진리와 함께 기뻐하네. 사랑은 모든 것 감싸 주고 바라고 믿고 참아내며 사랑은 영원토록 변함없네."

크리스천의 사랑이 선사하는 거룩한 황홀감을 누리며 충만한 천국을 향해 한 발짝 더 다가서려 합니다.

17

죽음의 강

삶과 죽음의 경계가 있나요?
그럼, 삶과 죽음의 거리는 얼마나 될까요?

『천로역정』의 저자 존 번연은 '죽음이라는 강'을 그 경계로 설정했습니다. 실제로는 경계가 없습니다. 다만 생물학적으로 존재할 뿐입니다. 우리 인간은 임종 직전의 사람을 대할 때 그저 숨이 넘어가 고개를 아래로 떨구는 그 순간을 삶과 죽음의 경계라 생각합니다. 그러나 하나님께는 경계가 없을뿐더러, 경계를 만드시지도 않았습니다. 살아서 믿음으로 몸속의 새 생명을 그대로 영속되도록 만드셨습니다.

예수께서는 이것을 십자가의 부활과 다시 오실 것을 약속하심으로 확증해 주셨습니다.

마침내 *크리스천*과 '소망'은 '죽음의 강' 앞에 도달했습니다. *크리스천*이 먼저 입을 뗍니다.

"그런데 아무것도 안 보여요. 한 치 앞도 모르겠어요."

"*크리스천* 형제, 그리스도의 믿음이 당신의 마음에 평안을 가져오게 해 봐요! 그분이 당신을 건네게 하실 거요. 당신이 하려고 하면 안 돼요."

강물은 다시 강한 바람과 매서운 파도로 출렁였습니다. 이들의 대화도 급박해집니다.

"*크리스천! 크리스천!* 이것은 죽음의 강입니다! 우리는 이것을 건너야만 해요, 다른 길은 없습니다."

"소망! 소망! 나 가라앉고 있어요! 나는 건널 수가 없어요!"

"아닙니다, *크리스천* 형제! 밑에 땅이 느껴져요, 우리는 건널 수 있어요!"

"저기, 문이 보이는데…. 내 죄의 짐들이 느껴지는 것 같아요! 나의 죄들이 나를 가라앉게 하고 있어요. 난 할 수 없어요!"

"아니에요, *크리스천*. 당신의 죄 짐들은 이미 없어졌어요. 눈을 떠서 봐요! 당신은 건너갈 수 있어요!"

"아닙니다. 너무 깊어요. 나는 버림받았어요, 내 죄가 너무 컸나 봐요!"

"당신은 새로운 피조물입니다! 저길 봐요! 하나님이 당신을 기다리고 계십니다. 그가 당신에게 약속하셨어요."

"그… 그래, 다시 보입니다. 건너편이 보여요. 저기, 저기요"

이렇게 두 순례자는 죽음의 강을 건너 천국 문에 무사히 당도했습니다. 두 천사가 마중 나왔습니다.

"어서 오십시오! 여러분들을 이제 천국으로 안내하겠습니다."

"아니, 저 높은 천국까지 어떻게 올라갑니까?"

"이제 여러분에게는 천국으로 가는 언덕의 높고 낮음은 아무 문제가 되지 않습니다. 이미 강물에 육신을 다 놓고 왔기 때문입니다."

이 말을 듣고 *크리스천*과 소망은 펄쩍 뛰었습니다. 정말 육신의 무게가 느껴지지 않았습니다.

죽음의 강을 건너는 두 순례자(2022)

황새 '푸르미'의 죽음

죽음의 강을 목전에 두고 내 곁에서 죽은 황새 '푸르미'가 생각납니다. 동물학자로 자연에서 동물들이 죽어가는 모습을 보기란 쉽지 않습니다. 이는 야생동물들의 사체는 발견되지만 죽음을 맞이하는 모습은 보기 어렵다는 뜻입니다.

'푸르미'를 독일 발스로데에 있는 세계조류공원(Welt Vogel Park)으로부터 기증받은 때는 황새 복원 일을 처음 시작했을 무렵이었습니다. 독일은 증식 가능한 개체를 4마리를 주면서 나이가 가장 많은 수컷 푸르미를 끼워 보냈습니다. 그때 푸르미의 나이는 25살이 훨씬 넘었습니다. 황새의 평균 수명을 30년으로 본다면 노년을 맞은 황새였습니다.

푸르미는 러시아 아무르 자연 보호구에서 새끼 때 독일로 왔습니다. 그 당시 독일 발스로데 조류공원은 세계적 멸종 위기 1급 보호조인 한국 황새를 러시아로부터 도입해 우리보다 앞서 인공 번식에 성공을 거둔 상태였습니다. 그때 푸르미를 종조로 사용하다 보니, 나이가 들어 우리나라에 왔던 것입니다.

푸르미 나이가 28세였을 때부터 겨울이 되면 먹이양이 줄어들었고, 1미터 높이의 횃대에도 제대로 올라가지 못했습니다. 특히 바깥 날씨가 영하 10도 이하로 내려가는 추운 날씨에는 먹이를 먹지 못해 기력이 쇠잔해져 바닥에 주저앉아 있곤 했습니다. 그래서 푸르미는 겨울철이면 히

터를 끼고 살아야만 했습니다. 그런데도 더 이상 버틸 기력도 없었는지, 죽기 20일 전부터는 먹이양이 정상보다 눈에 띄게 줄어 곧 생을 다할 것을 직감했습니다.

푸르미는 깃털이 많이 빠져 있었고, 깃털 속에 가려진 근육량도 엄청나게 줄어들어 손으로 만지면 뼈만 잡힐 정도로 앙상해졌습니다. 푸르미는 죽기 일주일 전부터는 거의 먹이를 먹지 않았습니다. 아니, 죽기 위해 곡기를 끊었다고 해야 맞을 겁니다. 긴 다리를 접고 사육실 한쪽에 주저앉은 채 죽음을 기다리고 있었습니다.

죽기 하루 전에는 고개가 아래로 처지기 시작했습니다. 사육실에 들어가 몸을 만져도 아무런 저항을 보이지 않았습니다. 숨을 가쁘게 몰아쉬며 눈이 자꾸 감기는 모습을 본 것은 숨이 끊어지기 6시간 전이었습니다. 결국, 푸르미는 만 32세로 저세상으로 떠났습니다. 아마 사람의 나이로 치면 80세 정도였을 것입니다.

'나도 푸르미처럼 죽음을 맞이할 수 있을까?'

죽음의 강을 목전에 두고 이런 생각을 해 볼 때가 많아졌습니다. 나이가 들었다는 증거겠죠. 또한, 무엇보다 주변에서 치매로 요양사의 간병을 받으며 사는 사람들이 많아졌기 때문일 것입니다.

어쨌든 요즘은 태어나는 것보다 어떻게 죽음을 맞이하느냐가 더 중요할

황새 '푸르미'와의 작별(2016)

때인 것만은 분명해 보입니다.

이런 생각을 하며 살아가고 있는 내게 성경의 한 구절은 간절한 기도가 됩니다.

> 그들은 죽을 때에도 고통이 없고 그 힘이 강건하며 사람들이 당하는 고난이 그들에게는 없고 사람들이 당하는 재앙도 그들에게는 없나니(시 73:4-5).

존 번연이 죽음의 강에서 소망을 등장시킨 이유도 크리스천이라면 누구나 소망을 갖고 살기를 바라는 마음 때문이었을 것입니다.

죄가 죽음을 두려운 존재로 만들었다고 한 사도 바울은 생명이신 분의 단 한 번의 승리로 죄와 죽임이 모두 사라지게 되었다며 이렇게 썼습니다.

> 우리 주 예수 그리스도를 통하여 우리에게 승리를 주시는 하나님께 우리는 감사를 드립니다(고전 15:57, 새번역).

지금은 그분의 생명을 오롯이 몸속에 담아야 할 때입니다. 그러기에 구속한 주만 바라보며 죽음의 강을 목전에 두고 마지막 성, 이시돌 순례길을 걸었습니다.

나귀 타신 예수

마지막 성, 이시돌 순례길에서 십자가를 지시기 전 나귀를 타시고 예루살렘에 입성하는 예수님의 조형물과 마주했습니다.

예수께서 수많은 군중 사이에서 나귀 새끼를 타고 예루살렘으로 입성했을 때는 유월절이었습니다. 유월절은 하나님께서 애굽에서 종살이하던 이스라엘 백성을 구한 것을 기념하는 절기입니다. 따라서 이 시기에는 장차 현재의 문제들에서 해방되리라는 유대인의 소망이 매우 강했고, 로마는 폭동 진압이 필요한 경우를 대비해서 예루살렘에 군대를 주둔시켰습니다. 군중은 예수님을 이런 소망의 대상으로 대하며 이 선생이 로마에 대항하여 그들을 이끌 수 있는 메시아라는 사실을 깨닫기 시작했습니다.

그러나 예수님의 생각은 전혀 달랐습니다. '호산나!'를 외치는 군중에게 둘러싸인 예수님은 완전히 다른 데 집중한 듯 보였습니다. 그분은 흥분한 군중을 보지 않으셨습니다. 손을 흔들지도 않으셨습니다. 그분은 소음과 동요 너머로 자기 앞에 닥쳐올 일을 보셨습니다. 배반과 고문과 십자가형과 죽음으로 이어질 고난의 여정을 말입니다.

나귀 타신 예수(2022).

예수께는 평온한 수용도 함께 있었습니다. 변덕스러운 인간의 심령에 대한 통찰이 있었으나 넘치는 긍휼도 함께 있었습니다. 무엇보다 사랑이 임재하는 순간이었습니다. 그분께는 하나님과의 끊을 수 없는 친밀함에서 태동한 한없는 사랑이 있었습니다.

그 사랑은 온 세상 모든 이에게 닿는 끝없이 깊고 한없이 넓은 사랑이었습니다. 그분이 온전히 알지 못하는 것은 아무것도 없었습니다. 또한, 그분이 온전히 사랑하지 않는 사람은 아무도 없었습니다.

나귀 타신 이 그리스도를 마주할 때마다 그분께서 내 안의 모든 죄와 죄책과 수치를 다 보고 계심을 느낍니다. 그러면서 그분의 모든 용서와 자비와 긍휼로 나를 사랑하고 계심을 다시금 깨닫습니다.

순례길을 걸으며 주님의 말씀에 온전히 순종하는 삶을 살고자 작정합니다.

> 아직 아무도 타 보지 않은 나귀 새끼가 매여 있는 것을 보리니 풀어 끌고 오라 만일 누가 너희에게 어찌하여 푸느냐 묻거든 말하기를 주가 쓰시겠다 하라 하시매(눅 19:30-31).

부활하신 예수(2022)

엠마오로 가는 두 사람과 대화하는 예수(2022)

이 말씀처럼 아직 내 것이라고 여겼던 것조차 내려놓기로 작정하며 부활하신 예수의 조형물이 있는 곳으로 발길을 옮겨 봅니다.

십자가를 지셨던 그분은 성경의 예언대로 3일 만에 부활하셨습니다. 부활 후 예수님은 40일 동안 그분께 사형선고를 내린 안나스나 가야바, 헤롯이나 빌라도에게 나타나지 않으셨습니다. 자신의 어정쩡한 제자인 니고데모와 장례를 치러 준 아리마대 요셉에게도 나타나지 않으셨습니다.

"결국, 내가 옳았지?"
"내가 늘 그렇게 말하지 않더냐?"

이런 말씀을 하지 않으셨습니다. 성경 어디에서도 이런 말씀을 하셨다는 것을 찾아볼 수 없습니다. 그들과의 일화는 그냥 시간 속에 깊숙이 숨겨진 사건이었습니다.

막달라 마리아는 동산에서 낯선 이를 보았습니다. 글로바와 그의 친구는 엠마오 도상에서 낯선 이와 함께 걸었습니다. 제자들은 낯선 이가 들어오자 유령인 줄 알았습니다. 베드로와 도마, 나다나엘과

요한, 야고보와 다른 두 제자는 호숫가에서 자기들을 부르는 낯선 이의 음성을 들었습니다. 예수님은 이토록 낯선 이로 임재하셨습니다.

엠마오의 사람들

낙심과 환멸에 찬 두 사람이 풀 죽은 모습으로 고향으로 돌아가고 있었습니다. 이들은 오랫동안 로마의 통치하에 억눌려 살아왔습니다. 그런 그들에겐 진정한 자유가 없었습니다. 그저 막연히 자유를 갈망할 뿐이었습니다. 그래서 예수님을 만난 후 희망을 품었습니다.

그토록 오랜 세월 갈망해 온 자유를 이 나사렛 사람이 찾아줄 것이라고 기대했습니다. 그러나 다 부질없는 일이 되고 말았습니다. 그렇게 기대를 걸었던 그분이 로마인들에게 체포되어 사형선고를 받고 십자가에 못박혀 죽었기 때문입니다. 사람들은 예수의 시신이 없어질 것을 염려하여 큰 돌을 가져다가 무덤을 봉인했습니다.

예수께서 무덤에 있던 3일이라는 시간이 의미하는 것은 육체의 부패입니다. 그러므로 엠마오로 가는 글로바와 친구는 예수의 죽음을 막을 길이 전혀 없다고 믿었고, 깊게 절망했습니다. 그렇게 절망한 채 낙향 길에 올랐습니다. 그런 그들에게 예수님이 길동무가 되셨지만, 그들은 알아보지 못했습니다.

예수님은 절망한 두 사람의 심정을 훤히 들여다보고 계셨습니다. 예수님은 인간들의 절망이 무엇인지 체험을 통해 알고 계셨습니다. 또한, 그분은 죽음과 무덤을 아시고 우리의 유한함도 아셨습니다. 글로바와 친구는 이 낯선 사람과 초면이 아님을 분명 느꼈을 것입니다. 오랫동안 낯선 사람으로 남아 있기엔 그분은 이들을 너무 잘 아셨습니다. 그들도 이분이 '세속 현자'처럼 그릇된 위로의 말을 건네려 하지 않는다는 것을 알았습니다.

예수님은 생명이 죽음과 썩어짐보다 강하고 크다는 사실을 그분의 체험을 바탕으로 보게 하셨습니다. 이것은 오직 마음으로만 이해할 수 있는 것입니다. 누가복음의 저자 누가는 그들이 '깨달았다'든가, '빛을 보았다'고 적지 않았습니다. 보다 강렬하게 표현하고 있습니다.

> 마음이 뜨겁지 아니하더냐(눅 24:32).

이런 불타는 마음은 글로바와 친구에게 뭔가 전혀 새로운 것을 보여 주었습니다. 존재의 한가운데, 즉 인간 실존의 중심에서 무엇인가가 죽음을 무장 해제하고 절망을 무력화했습니다. 이것은 단순히 새로운 관점, 새로운 삶의 환희, 새로운 자신감 차원이 아니었습니다. 그것은 오직 새 생명, 새 영혼으로만 묘사할 수 있는 것이었습니다.

엠마오로 가던 두 사람에게 일어난 이 일을 요즘 말로 표현하면 이렇게 될 것 같습니다.

글로바와 그의 친구(2023)

'그들의 마음속에 영적인 삶, 즉 영성이 시작되었다.'

글로바와 친구는 이 낯선 사람에게 자신들의 집에 들어와 저녁 식사를 함께할 것을 청했습니다. 함께 앉아 먹는 자리에서 이분은 빵을 들어 축복하신 후 그들에게 떼어 주셨습니다. 그러자 이들은 이 손님이 바로 예수님, 죽어서 무덤에 묻혔던 그분임을 흔들리지 않는 확신으로 불현듯 깨달았습니다. 그러나 그 확신이 찾아드는 순간, 예수님은 그들 앞에서 사라지셨습니다.

너무도 엄청난 일이 벌어졌습니다. 글로바와 친구가 빵을 떼시는 예수님을 알아본 순간, 더 이상 새 희망의 조건으로 그분의 육체적 임재가 필요하지 않았습니다. 예수님과의 관계가 친밀해져 그분의 낯섦이 깨끗이 사라졌습니다. 그분이 어찌나 가까이 오시는지 더 이상 희망의 근거인 그분의 육체적 현시가 필요하지 않았습니다. 이들은 길에서 그분과 대화할 때 두 가지를 깨달았습니다.

먼저는 태어난 새 생명이 영원히 자신들을 떠나지 않을 것이라는 믿음이었습니다. 그다음은, 다시 예루살렘으로 돌아가 다른 이들에게 모든 것이 '다 끝나지 않은 이유'를 전할 힘을 주시리라는 것이었습니다. 그래서 누가는 그들이 예루살렘으로 즉시 돌아가 열한 제자와 그들과 함께한 자들에게 자신들의 경험을 전했다고 기록하고 있습니다.

나는 <천로 역정>의 여정 가운데 '죽음의 강'을 목전에 두고 있습니다. 죽음을 바라보고 있지만 예수의 부활을 믿는 믿음으로 온전한 삶, 치유의 삶, 통합의 삶을 살고 있습니다.

하나님께서는 그의 아들 예수에게 행하셨던 일을 우리에게도 하십니다. 우리 안에 내주하시는 성령님을 통해서 말이죠. 그 일은 바로 우리도 그리스도의 몸처럼 다시 살아나는 것입니다(롬 8:11).

그분께서 죽으셨을 때, 죄가 죽은 것처럼 그분께서 부활하셨을 때, 영원한 삶을 약속하셨습니다. 그렇게 예수 그리스도는 오늘도 우리와 함께 이 육신 속에 살고 계십니다. 그러니 우리 앞에 놓여진 '죽음의 강'은 육신을 강물로 흘려보내는 과정일 뿐입니다.

이제, 예수 그리스도를 통해 우리 몸의 부활과 영원한 생명이 우리 크리스천들을 기다리고 있다는 사실이 더 명확해졌습니다. 그러므로 오늘도 나는 묵묵히, 그러나 담대하게 <천로 역정>의 여정을 걷습니다.

참고 문헌

1. 성경자료

『성경전서 표준 새번역 개정판』. 서울 : 대한성서공회. 2003.

『NIV 한영스터디성경』. 서울 : 생명의말씀사. 2004.

유진 피터슨. 『메시지 신약』. 김수현, 윤종석, 이종태 역. 서울 : 복있는사람. 2014.

_____. 『메시지 구약: 예언서』. (2013). 이종태 역. 복있는사람. 2013.

하용조. 『비전성경사전』. 서울 : 두란노시원. 2001

존 월튼 외 3인. 『IVP 성경배경주석』. 박신구 외 5인 역. 서울 : IVP. 2010.

2. 도서 자료

박시룡. 『틴버겐이 들려주는 동물의 행동 이야기』. 경기 : 자음과모음. 2010.

_____. 『황새, 자연에 날다』. 서울 : 지성사. 2014.

_____. 『황새가 있는 풍경』. 서울 : 지성사. 2019.

_____. 『끝나지 않은 생명 이야기』. 서울 : 곰세마리. 2021.

베르나르 베르베르. 『개미』. 이세욱 역. 경기 : 열린책들. 2001.

이동원.『함께 걷는 천로역정』. 서울 : 두란노서원. 2016.
에드워드 윌슨.『사회생물학 Ⅰ』. 이병훈, 박시룡 역. 서울 : 민음사. 1992.
이상학.『시작하는 그리스도인에게』. 서울 : 두란노서원. 2016.
이철환.『예수를 믿으면 행복해질까』. 서울 : 생명의말씀사. 2019.
존 번연.『천로역정』. 유성덕 역. 서울 : CH북스. 2018.
_____.『천로역정』. 박영호 역. 서울 : 기독교문서선교회(CLC). 2020.
_____.『천로역정』. 최종훈 역. 서울 : 포이에마. 2022.
존 스토트.『새, 우리들의 선생님』. 이기반 역. 서울 : IVP. 2001.
존 폴락.『사도 바울』. 홍종락 역. 서울 : 홍성사. 2009.
팀 켈러.『하나님을 말하다』. 최종훈 역. 서울 : 두란노서원. 2023.
콘라트 로렌츠.『솔로몬의 반지』. 김천혜 역. 서울 : 사이언스북스. 2000.
프랜시스 S. 콜린스.『신의 언어』. 이창신 역. 경기 : 김영사. 2007.
헨리나우웬.『예수, 우리의 복음』. 윤종석 역. 서울 : 복있는사람. 2006.
한국황새복원연구센터.『과부 황새 그 후』. 서울 : 지성사. 2004.
C.S. 루이스.『순전한 기독교』. 이종태, 장경철 역. 서울 : 홍성사. 2014.